DER ZWEITE WELTKRIEG

RUSSLANDFELDZUG

Von Brest bis Stalingrad

MOEWIG

Unternehmen Barbarossa

Es ist heute schwer, zu sagen, wann den Generalen des Heeres, der Luftwaffe und den Admiralen der Kriegsmarine zum erstenmal in vollem Umfang bewußt geworden ist, daß Hitler einen Angriff auf die Sowjetunion beabsichtigte.

Im Winter 1939/40 hatte im Oberkommando des Heeres, beim Oberbefehlshaber Generaloberst Walther von Brauchitsch und beim Generalstabschef General Franz Halder, bei Heeresgruppen- und Armeebefehlshabern noch Pessimismus geherrscht. Halder hatte mit dem Gedanken an militärischen Widerstand gespielt, falls es der deutschen konservativen Opposition gelang, mit England günstige Friedensbedingungen auszuhandeln. Im Dezember 1940, als die erste konkrete Aufmarschanweisung für »Barbarossa« erging, war die Stimmung anders. Zwar schreckte die Vorstellung eines Krieges in den Weiten des russischen Raumes. Aber daß der deutsche Soldat jede Schwierigkeit meistern könne, schien seit dem Sprung nach Norwegen im April, die Siege im Westen Europas im Sommer 1940 bewiesen. Hatte die Mehrzahl der Generalität 1939/40 die Schlagkraft der französischen Armee gewaltig überschätzt, so unterlief ihr nun die Unterschätzung der sowjetischen Armee, ihrer Menschenreserven, ihres Rüstungspotentials. Hitler, so hieß es, habe im Westfeldzug 1940 seine Feldherrngaben gezeigt. Das Wort vom »größten Feldherrn aller Zeiten« ging um. Die Euphorie schien um so größer zu sein, je weniger man 1939/40 an den eigenen Sieg hatte glauben wollen.

Die Ausarbeitung des Ostfeldzuges erfolgte ohne Bedenken, sie lag hauptsächlich in der Hand des Oberquartiermeisters I, des Stellvertreters von Halder, Generalleutnant Friedrich Paulus (der 1943 mit der 6. Armee in Stalingrad scheiterte). Ziel aller Planungen war die rasche Einnahme der Hauptstadt Moskau. Dafür wurde eine sehr starke Mittelgruppe vorgesehen, bei zwei schwächeren Flügelgruppen im Süden gegen die Ukraine, im Norden gegen Leningrad und weiter die Bahnen zu den Eismeerhäfen.

Doch diese Vorstellungen prallten bei einer Besprechung am 3. Februar 1941 auf diejenigen Hitlers. Der Führer sah alles anders. Man müsse anstreben, eine gedachte Grenzlinie zwischen Astrachan am Kaspischen Meer und Archangelsk am Eismeer zu erreichen. Moskau war ein drittrangiges Ziel, vordringlich waren die Eroberung der wirtschaftlich bedeutsamen Ukraine und die Zerstörung Leningrads, der »Brutstätte des Bolschewismus«. Doch seltsam, das Oberkommando des Heeres änderte seinen Aufmarschplan nicht ab, und Hitler nahm das hin. In die gesamte Planung kam eine Unausgewogenheit zwischen Anlage und Operationszielen, die schwere Konflikte für die Zukunft barg. Einig war man sich nur im Angriffstermin: Mitte Mai 1941.

Insgesamt waren für den Osten 145 Divisionen vorgesehen, darunter 17 Panzer- und 12 motorisierte Verbände. 38 Divisionen verblieben im Westen, 12 in Norwegen, 1 in Dänemark, 7 auf dem Balkan, 2 in Nordafrika. 21 Infanterie-, 2 Panzer- und 1 motorisierte Division hielt das OKW als Eingreifreserve für den Osten zurück.

Die Heeresgruppe Nord unter Generalfeldmarschall Wilhelm Ritter v. Leeb mit Generalleutnant Brennecke als Chef des Stabes setzte sich aus der 16. und 18. Armee und der Panzergruppe 4 unter den Generalobersten Ernst Busch, Georg v. Küchler und Erich Hoepner zusammen. Die Luftflotte 1 unter Generaloberst Keller übernahm die Freikämpfung des Luftraumes im Norden. Die Heeresgruppe Mitte unter Generalfeldmarschall Fedor v. Bock mit General v. Salmuth als Stabschef bestand aus der 2., 4. und 9. Armee und den Panzergruppen 2 und 3 unter Generaloberst Frhr. v. Weichs, Feldmarschall Hans Günther v. Kluge und den Generalobersten Strauß, Heinz Guderian und Hoth. Zugeteilt war ihr die Luftflotte 2 unter Feldmarschall Albert Kesselring. Die Heeresgruppe Süd unter Generalfeld-

Am 22. Juni 1941, auf den Tag genau 129 Jahre nach dem Einmarsch der Grande Armée Napoleons in Rußland, fiel die Wehrmacht mit rund 75 Prozent ihres Feldheeres (über 3 Millionen Mann) ohne vorherige Kriegserklärung in die Sowjetunion ein (Bild linke Seite: Landser im Sturmlauf). Die nationalsozialistische Propaganda verklärte den von Hitler als reinen Raubkrieg geführten Rußlandfeldzug als Abwehrkampf Europas gegen den Bolschewismus (Bild rechts: deutsches Plakat aus dem Jahre 1942). Der von Deutschland beherrschte Kontinent, in dem die Farbrikschlote rauchen, das Korn blüht und die Babys einer rosigen Zukunft entgegengeschaukelt werden, versetzt Stalin mit eiserner Faust den Todeshieb. England ist schon eine Leiche und als Gegner abgeschrieben.

marschall Gerd v. Rundstedt mit General v. Greiffenberg als Stabschef verfügte über die 6., 11. und 17. Armee und die Panzergruppe 1 unter Feldmarschall Walter v. Reichenau, Generaloberst Ritter v. Schobert, General der Infanterie Karl Heinrich v. Stülpnagel und Generaloberst Ewald v. Kleist. Zugewiesen war ihr die Luftflotte 4 unter Generaloberst Löhr.

Die drei Heeresgruppen sollten, aus Ostpreußen und Nordpolen, aus dem Raum zwischen dem Zipfel von Suwalki und den Pripjetsümpfen und aus dem Raum südlich der Pripjetsümpfe bis zur Schwarzmeerküste vorpreschen, die russische Grenzverteidigung durchstoßen, durch Umfassung das russische Westheer vernichten, mit den Panzergruppen in die Tiefe des Raumes vorstoßen und so die Bildung einer neuen Abwehrfront durch Ausweichen des Gegners in die Tiefe verhindern.

In Nordfinnland sollte die Gruppe Norwegen, das Gebirgskorps Dietl, ein finnisches Armeekorps und ein gemischtes deutsch-finnisches General-Kommando unter Generaloberst Nikolaus v. Falkenhorst an der Eismeerküste auf den wichtigen Hafen Murmansk am Kola-Fjord und auf Kandalakscha am Weißen Meer südlich der Kolahalbinsel vorgehen. In Süd- und Mittelfinnland stellte sich die Masse der finnischen Armee unter dem Marschall Carl Gustav Emil Frhr. v. Mannerheim mit vier Armeekorps, zwölf Divisionen, einer Kavallerie- und zwei Jägerbrigaden zum Angriff auf die Karelische Landenge bereit. Seit dem 13. Juni weilte ein deutscher Verbindungsstab unter General Erfurth beim finnischen Oberkommando, am 17. Juni machte Finnland mobil.

Bei der Heeresgruppe Süd sollte die 11. Armee zusammen mit der rumänischen Armee nach Bessarabien gegen den Dnjestr vorstoßen. Slowakische und ungarische Einheiten wurden gleichfalls dieser Heeresgruppe zugewiesen. Um Ungarn zur Mitwirkung zu bewegen, bedurfte es freilich offiziell erst eines sehr mysteriösen Fliegerangriffes auf ungarisches Gebiet, bei dem unklar blieb, wer ihn geflogen hatte. Bei allem traditionellen Antibolschewismus des Horthy-Regimes war doch die Abneigung in Budapest beträchtlich, sich mit den unzulänglichen eigenen Kräften in dem großen, so ungewissen Abenteuer in den Weiten des Ostens zu engagieren.

Die Informationen über den Gegner waren ungenügend. Wohl ahnten Sachkenner wie der Militärattaché General Köstring, der Luftattaché General Aschenbrenner und die Abteilung Fremde Heere Ost im Generalstab die Kraft des Gegners, allein klare Vorstellungen vom Umfang des russischen Rüstungspotentials vermochten auch sie infolge der russischen Geheimhaltungsmaßnahmen nicht zu gewinnen. Die erbeuteten französischen, belgischen, holländischen, jugoslawischen und griechischen Generalstabsakten ergaben auch keine neuen Aufschlüsse in dieser Hinsicht, ebensowenig wie Berichte aus neutralen Ländern, Japan und der Türkei.

Die Abwehr wie die Abteilung Fremde Heere Ost neigte dazu, die Bedeutung der Säuberungsaktionen des Jahres 1937/38, die zur Liquidierung zahlreicher russischer Generale und Stabsoffiziere geführt hatten, bei der Bewertung des roten Kommandeurkorps sehr hoch zu setzen. Auch der finnisch-russische Krieg schien die mangelnde Qualität des sowjetischen Offizierskorps zu bestätigen. Tatsächlich erwies sich jedoch, daß das neue höhere Offizierskorps eine überraschende taktische Anpassungsfähigkeit erlangt hatte. Schlechter war es um die Schulung des niederen Offizierskorps bestellt. Aber der einfache Soldat war abgehärtet, opferwillig und technisch oft erstaunlich gut vorgebildet, etwas, das vor allem weißrussische Emigranten vor dem Krieg niemals hatten zugeben wollen.

Die Erkundung ließ zwei größere Kräftekonzentrationen erkennen, etwa sechzig Divisionsverbände in Weißrußland, im Raum Minsk, etwa siebzig in der Ukraine. Tatsächlich traten beim Einmarsch drei »Fronten«, die ungefähr den deutschen Heeresgruppen gleichzusetzen waren, in Erscheinung: die »Nordwestfront« unter Marschall Kliment Jefremowitsch Woroschilow im Baltikum, die »Westfront« unter Marschall Semjon Konstantinowitsch Timoschenko in Weißrußland und die »Südwestfront« unter dem alten Reitergeneral Marschall Semjon Michailowitsch Budjonny in der Ukraine. Stalin leitete die Operationen, hatte freilich in dem ehemaligen zaristischen Generalstabsoffizier General Jewgenij Iwanowitsch Schaposchnikow einen ausgezeichnet geschulten, nüchtern denkenden Berater zur Seite, dem zweifellos das größte Verdienst gebührte, wenngleich es für die Einsicht des sowjetischen Diktators sprach, daß er ebenbürtige Berater duldete und nicht in so hohem Maße die eigenen Feldherrngaben überschätzte, wie dies Hitler sich angewöhnt hatte.

Völlige Unkenntnis herrschte auf deutscher Seite hinsichtlich der Leistungsfähigkeit der russischen Industrie. Von der Produktion der neuen schweren

Bild oben: Reichsaußenminister Joachim von Ribbentrop begründet am 22. Juni 1941 vor der Presse den Angriff auf die Sowjetunion. Bis zu diesem Zeitpunkt war Stalin Hitlers bester Verbündeter gewesen, nicht zuletzt auch durch die Liquidierung der führenden sowjetischen Militärs während der „Säuberungen" der 1930er Jahre. Bild linke Seite: Nur einer der hier abgebildeten hohen Offiziere der Roten Armee, nämlich Budjonny, hatte bis zum 22. Juni 1941 überlebt, die anderen waren entweder hingerichtet oder eingekerkert worden. Obere Reihe von links nach rechts: Armeegeneral Gamarnik, Marschall Tuchaschewsky, Marschall Jegorow, General Hapepski, Admiral Orlow, General Jakir; untere Reihe von links nach rechts: die Generale Kamenew, Ordschonikidse, Budjonny, Alksnis, Muklewitsch, Eideman und Uborewitsch.

»Fall Barbarossa«

Hitlers Weisung Nr. 21, 18.12.1940

...Die deutsche Wehrmacht muß darauf vorbereitet sein, auch vor Beendigung des Krieges gegen England Sowjetrußland in einem schnellen Feldzug niederzuwerfen (Fall Barbarossa).

Das Heer wird hierzu alle verfügbaren Verbände einzusetzen haben mit der Einschränkung, daß die besetzten Gebiete gegen Überraschungen gesichert sein müssen.

Für die Luftwaffe wird es darauf ankommen, für den Ostfeldzug so starke Kräfte zur Unterstützung des Heeres freizumachen, daß mit einem schnellen Ablauf der Erdoperationen gerechnet werden kann und die Schädigung des ostdeutschen Raumes durch feindliche Luftangriffe so gering wie möglich bleibt. Diese Schwerpunktbildung im Osten findet ihre Grenze in der Forderung, daß der gesamte von uns beherrschte Kampf- und Rüstungsraum gegen feindliche Luftangriffe hinreichend geschützt bleiben muß und die Angriffshandlungen gegen England, insbesondere seine Zufuhren, nicht zum Erliegen kommen dürfen.

Der Schwerpunkt des Einsatzes der Kriegsmarine bleibt auch während des Ostfeldzuges eindeutig gegen England gerichtet. Den Aufmarsch gegen Sowjetrußland werde ich gegebenenfalls acht Wochen vor dem beabsichtigten Operationsbeginn befehlen. Vorbereitungen, die eine längere Anlaufzeit benötigen, sind – soweit noch nicht geschehen – schon jetzt in Angriff zu nehmen und bis zum 15. Mai 1941 abzuschließen. Entscheidender Wert ist jedoch darauf zu legen, daß die Absicht eines Angriffs nicht erkennbar wird.

Die Vorbereitungen der Oberkommandos sind auf folgender Grundlage zu treffen:

Die im westlichen Rußland stehende Masse des russischen Heeres soll in kühnen Operationen unter weitem Vortreiben von Panzerkeilen vernichtet, der Abzug kampffähiger Teile in die Weite des russischen Raumes verhindert werden.

In rascher Verfolgung ist dann eine Linie zu erreichen, aus der die russische Luftwaffe reichsdeutsches Gebiet nicht mehr angreifen kann. Das Endziel der Operation ist die Abschirmung gegen das asiatische Rußland aus der allgemeinen Linie Wolga–Archangelsk. So kann erforderlichenfalls das letzte Rußland verbleibende Industriegebiet im Ural durch die Luftwaffe ausgeschaltet werden.

Panzer, des T-34 und des »Josef Stalin«, die gerade anlief, hatte man keine Nachrichten. Hitler hielt für unmöglich, was später eintraf, daß die Russen ihre Jahreserzeugung an Panzern und Sturmgeschützen auf 30 000 Stück steigerten. Er glaubte auch nicht an die riesigen vorhandenen Panzerbestände, die etwa 21 000 Stück zählten. Diese waren zunächst den deutschen Panzern III und IV unterlegen; auch die erstmals in größerer Zahl zum Einsatz gelangenden deutschen Sturmgeschütze bedeuteten für die Russen eine Überraschung, da sie zunächst nicht über eine gleichwertige gepanzerte Artillerie verfügten. Bereits im Juli 1941 tauchten indes die ersten neuen T-34 an der Front auf, denen gegenüber die leichte deutsche 3,7-cm-Panzerabwehrkanone wirkungslos war.

Am 30. März 1941 verbreitete sich Hitler in einer zweieinhalbstündigen Rede in der Reichskanzlei vor den Spitzen der drei Wehrmachtteile ausführlich über die Pläne und die Ziele des kommenden Ostfeldzuges. »Wehrmacht zerschlagen – Staat auflösen«, so lautet die Parole für den Angriff auf die Sowjetunion. Da es sich bei deren Armee laut Hitler um »asoziales Verbrechertum« handele, seien Härte und nochmals Härte, der Verzicht auf jede herkömmliche »Ritterlichkeit« das Gebot der Stunde. Hitler: »Wir führen nicht Krieg, um den Feind zu konservieren.«

Die Proklamierung eines »weltanschaulichen Krieges« ohne Gnade stürzte die Mehrzahl der älteren Generale in einen unlösbaren Gewissenskonflikt. Der Ansprache folgten Befehle des Oberkommandos der Wehrmacht, Hitlers militärischen Büros, die jeder preußischen oder süddeutschen Soldatentradition absolut widersprachen. Am 13. Mai 1941 wurde im sogenannten Barbarossa-Gerichtsbarkeitsbefehl verfügt, bei Vergehen Soldaten gegenüber seien die Kriegsgerichte nicht mehr zuständig. Diesen Befehl konnte der Oberbefehlshaber des Heeres, Feldmarschall von Brauchitsch, durch einen Befehl zur schärfsten Wahrung der herkömmlichen Manneszucht abfangen. Der zweite OKW-Befehl vom 6. Juni 1941, der die Erschießung aller gefangengenommenen politischen Kommissare verlangte, also der Politoffiziere der Roten Armee, die sowohl mit der ideologischen Schulung der Truppe als auch mit fürsorgerischen Aufgaben befaßt waren, ließ sich nicht durchkreuzen.

Der deutsche Angriff, der in den frühen Morgenstunden des 22. Juni 1941 begann, traf die russischen Truppen völlig überraschend. Die Luftwaffe fegte den Himmel frei, in vielen Fällen wurden die russischen Flugzuge am Boden vernichtet. Für viele Wochen gehörte die Luftherrschaft über dem russischen Kampfraum unbestritten den deutschen Verbänden. Die Heeresgruppe Nord marschierte auf Riga, die Heeresgruppe Mitte auf Minsk, die Hauptstadt Weißrußlands, die Heeresgruppe Süd setzte aus zwei Richtungen, von Ostgalizien und von der Moldau und der Walachei aus, zum Stoß auf die Ukraine an. Noch hielt man am Gedanken fest, die Panzergruppen der Mittelfront nach dem Erreichen von Smolensk eventuell nach Norden eindrehen zu lassen, um Leningrad rasch zu nehmen und die Landverbindung mit der finnischen Armee in Karelien zu gewinnen. Die Marine riegelte den Rigaischen und Finnischen Meerbusen ab. Im hohen Norden besetzten Gebirgstruppen General Dietls das wichtige Nickelgebiet von Petsamo, die Finnen nahmen die Ålandinseln. Die Vorstöße auf Murmansk und Kandalakscha blieben jedoch liegen, die erste große Enttäuschung.

Der Feldzug gegen den Bolschewismus ließ so etwas wie eine europäische Front entstehen. Italien gab bekannt, es würde ein Expeditionskorps nach Rußland entsenden. Über Österreich, Ungarn und Siebenbürgen wurden im Sommer eine schnelle und zwei motorisierte italienische Divisionen mit einer Artillerie-

Alles spricht dafür, daß Stalin vom deutschen Überfall auf die Sowjetunion überrascht worden ist. Daß Hitler freiwillig eine zweite Front eröffnen würde, nachdem der Pakt von 1939 dem deutschen Diktator ja den Rücken für den Krieg im Westen freihalten sollte, erschien ihm unlogisch und daher unvorstellbar. Die deutschen Truppenmassierungen konnten zwar nicht unerkannt bleiben, wurden aber nur als Druckmittel gewertet, nicht als todernst gemeinter Aufmarsch zur Eroberung des „Lebensraums im Osten". Bild oben: Stukas haben einen sowjetischen Nachschubzug zerstört. Bilder rechte Seite: Deutsche Pioniertruppen setzen über den Pruth (oben); deutsche Panzer im Vorfeld der brennenden Stadt Sluzk in Erwartung des Vormarschbefehls.

Gegen Ungeheuer und Kannibalen

Rundfunkrede Josef Stalins, 3.7.1941

Genossen! Bürger! Brüder und Schwestern!
Kämpfer unserer Armee und Flotte!
An euch wende ich mich, meine Freunde!

Der von Hitlerdeutschland am 22. Juni wortbrüchig begonnene militärische Überfall auf unsere Heimat dauert an. Trotz des heldenhaften Widerstands der Roten Armee und ungeachtet dessen, daß die besten Divisionen des Feindes und die besten Einheiten seiner Luftwaffe schon zerschmettert sind und auf den Schlachtfeldern ihr Grab gefunden haben, setzt der Feind, der neue Kräfte an die Front wirft, sein Vordringen weiter fort. Es ist den Hitlertruppen gelungen, Litauen, einen beträchtlichen Teil Lettlands, den westlichen Teil Bjelorußlands, einen Teil der Westukraine zu besetzen. Die faschistische Luftwaffe erweitert den Tätigkeitsbereich ihrer Bombenflugzeuge und bombardiert Murmansk, Orscha, Mogilew, Smolensk, Kiew, Odessa, Sewastopol. Über unsere Heimat ist eine ernste Gefahr heraufgezogen...

Man könnte fragen: Wie konnte es geschehen, daß sich die Sowjetregierung auf den Abschluß eines Nichtangriffspakts mit solchen wortbrüchigen Leuten und Ungeheuern wie Hitler und Ribbentrop eingelassen hat? Ist hier von der Sowjetregierung nicht ein Fehler begangen worden? Natürlich nicht! Ein Nichtangriffspakt ist ein Friedenspakt zwischen zwei Staaten. Eben einen solchen Pakt hat Deutschland uns im Jahre 1939 angeboten. Konnte die Sowjetregierung ein solches Angebot ablehnen? Ich denke, kein einziger friedliebender Staat kann ein Friedensabkommen mit einem benachbarten Reich ablehnen, selbst wenn an der Spitze dieses Reiches solche Ungeheuer und Kannibalen stehen wie Hitler und Ribbentrop. Dies aber natürlich unter der einen unerläßlichen Bedingung: daß das Friedensabkommen weder direkt noch indirekt die territoriale Integrität, die Unabhängigkeit und die Ehre des friedliebenden Staates berührt. Bekanntlich war der Nichtangriffspakt zwischen Deutschland und der Sowjetunion gerade ein solcher Pakt.

Der Feind ist grausam und unerbittlich. Wir werden sterben oder siegen.

und einer Luftaufklärungsgruppe nach Südrußland entsandt, freilich so ungenügend beweglich gemacht, daß nur eine der beiden motorisierten Divisionen jeweils auf Kraftfahrzeugen verlegbar war. Ungarische und slowakische Divisionen reihten sich der Heeresgruppe Süd an, die rumänische Armee griff gemeinsam mit der deutschen 11. Armee in Bessarabien an. Spanien entschloß sich, ein Äquivalent für die »Legion Condor« zur Verfügung zu stellen, und entsandte die »Blaue Legion« nach Rußland. In Holland rief der ehemalige Chef des holländischen Generalstabes, Generalleutnant Seyffardt, zur Bildung einer niederländischen antibolschewistischen Freiwilligenlegion auf; der dänische Gardekapitän v. Schalburg stellte das »Frikorps Danmark« auf, das von der Waffen-SS übernommen wurde. Kroatische, norwegische, französische, wallonische und flämische Freiwilligenverbände entstanden.

Am 24. Juni 1941 stellte Generaloberst Halder in seinen Tagesnotizen fest, der Gegner denke nicht an Ausweichen, die Operation scheine planmäßig zu verlaufen. Litauen wurde durchquert, Wilna und Kowno genommen. Im Raum Bialystok–Minsk zeichnete sich die erste große Umfassung mehrerer russischer Armeen ab. Bedenklich wirkte nur, daß Hitler selbst hier bereits nervös wurde und die Panzergruppen vorzeitig anhalten wollte, damit der Einschließungsring nicht zu groß wurde. Noch setzte sich der Generalstab durch. Am 26. Juni rollten Panzer Generaloberst Hoths in Minsk ein. Drei Tage später gab das OKW die erste große Erfolgsmeldung heraus: Sie sprach von 400 000 Kriegsgefangenen, 600 erbeuteten Geschützen, 2233 zerstörten Panzern, etwa 4107 zerstörten Flugzeugen, bei nur 150 eigenen Flugzeugverlusten. Die Massen erbeuteten oder vernichteten Kriegsmaterials ließen ein ungeheures Rüstungspotential ahnen.

Das OKH befahl die Gewinnung der Dnjepr-Linie, vor allem die Sicherung

Ob im Norden, in der Mitte oder im Süden, jeder deutsche Soldat hat auf die eine oder andere Art die Widrigkeiten russischer Verkehrswege kennengelernt, die naturgemäß dem Angreifer mehr zu schaffen machten als dem Verteidiger.

Bild oben: deutsche Zugmaschine auf verschlammter Straße. Bild linke Seite: Man mußte schon ein bewährter Geländefahrer sein, um seine Beiwagenmaschine in dieser Sandwüste geradezuhalten und vorwärtszusteuern.

der Dnjepr-Übergänge bei Rogatschew, Mohilew (russ. Mogiljow) und Orscha und die Sicherung der Dünaübergänge bei Witebsk und Polozk. Der deutsche Stoß ging weiter in östlicher Richtung, der Kessel Bialystok–Minsk wurde geschlossen, obwohl es sich zeigte, daß die Russen gegen die weit ausholenden Panzerkeile wesentlich unempfindlicher waren als die bisherigen Gegner. Anfang Juli wurde der Übergang über die Beresina erzwungen und der Dnjepr erreicht. Generaloberst Hoth nahm Witebsk, Panzer Generaloberst Hoepners fuhren in Pleskau (Pskow) ein. Guderians Panzer rollten auf Smolensk und Roslawl zu.

Allein aus dem Kessel Bialystok–Minsk wurden 20 000 Überläufer gemeldet. Vielfach wankte Stalins Regime in den Grundfesten, als der Vorhang zerriß, der es von der übrigen Welt getrennt hatte. Vielfach begrüßten die Bauern die deutschen Truppen als Befreier von der Herrschaft der Kommissare, nicht ahnend, daß schon die braunen Kommissare sich rüsteten, die Nachfolge der roten anzutreten, daß man in Berlin darüber beriet, wie man den »großen Kuchen« kunstgerecht und vorteilhaft zerlegen könne. Am 3. Juli, als sich die erste große Kesselschlacht im Raum von Bialystok–Minsk dem Ende zuneigte, notierte Generaloberst Halder, es sei nicht zuviel gesagt, wenn man behaupte, der Feldzug sei in vierzehn Tagen gewonnen. Am 10. Juli 1941 wurde die Abschlußmeldung über die »größte Umfassungsschlacht der Kriegsgeschichte«, Bialystok–Minsk, veröffentlicht. 323 898 Kriegsgefangene waren in deutsche Hände gefallen, darunter zahlreiche Generale, 3332 Panzer und 1809 Geschütze waren erbeutet oder vernichtet. Am 13. Juli schrieb Halder, der Feldzug sei gewonnen, aber noch nicht beendet!

In glühender Sommersonne, unter ungeheuren Staubwolken, die die Panzermotoren zerfraßen, die Leistungsfähigkeit der Kraftfahrzeuge herabsetzten und an die Marschfähigkeit der Infanterie die äußersten Anforderungen stellten, marschierten die deutschen Divisionen weiter gen Osten. Bereits jetzt erwies sich, daß die Motorisierung der Infanterie ungenügend war, oft konnte die Infanterie den vorprellenden Panzern nicht rasch genug folgen, oft waren auch die Panzerspitzen zu schwach. Aber die deutsche Führung hatte sich in taktischer Hinsicht als restlos überlegen er-wiesen, die Moral der Truppe war ausgezeichnet. Am 16. Juli nahm die 29. motorisierte Infanteriedivision unter General v. Boltenstern trotz heftiger russischer Gegenstöße Smolensk.

Am weitesten zurück hing bis jetzt die Heeresgruppe Süd, die in der Linie Korosten–Kazatin–Schitomir nur schwer vorwärts kam, während die russische Reservegruppe »Süd-Bessarabien« der 11. Armee und den Rumänen in Bessarabien zähen Widerstand entgegensetzte. Marschall Budjonny faßte den Plan, seine Panzermassen, rund 2400 Panzer gegen 600 der Gruppe Kleist, im Raum von Uman zu einem Stoß gegen Bessarabien und das rumänische Erdölgebiet zu versammeln. Rundstedts Absicht ging dahin, mit seinem Gros, der 6. und 17. Armee und der Panzergruppe 1, zwischen Pripjetsümpfen und Karpaten auf Kiew durchzubrechen, dann den Dnjepr abwärts einzudrehen und sämtliche russischen Kräfte westlich des Dnjepr im Verein mit den aus Bessarabien vorgehenden deutsch-rumänischen Verbänden einzukesseln. Budjonny war zu lang-sam, die russischen Panzerkorps waren nicht gewohnt, in großen Verbänden zu operieren, auch blieben der deutschen Luftaufklärung die sich bei Uman sammelnden Panzerverbände nicht verborgen. So bahnte sich hier zunächst eine Teilkesselschlacht an.

Noch war die Siegesgewißheit des OKH ungetrübt. Studien für einen Feldzug im Kaukasus und in Persien wurden ausgearbeitet, man beriet die Gliederung der Besatzungstruppen und die Möglichkeiten der Kontrolle des gewonnenen Raumes, die Sicherung der wichtigen Verkehrsknotenpunkte durch Bodentruppen und weitgehende Kontrolle des übrigen Bereiches durch die Luftwaffe.

In der zweiten Hälfte des Monats Juli 1941 waren indes die Operationen so weit gediehen, daß die von Brauchitsch vertagte Entscheidung, ob das Schwergewicht der gesamten Ostkriegführung in der Mitte oder auf den Flügeln liegen solle, sich nicht länger hinausschieben ließ.

Regenfälle in Südrußland verzögerten die Bewegungen in der Ukraine. Hitler hielt Kleists Panzer vor Kiew an. Die 5. russische Schützenarmee bedrohte noch immer in den Pripjetsümpfen die Nordflanke Rundstedts. Hitlers Weisung Nr. 33 vom 19. Juli 1941 befahl daher unvermittelt die Abzweigung starker Kräfte von der Heeresgruppe Mitte nach Süden.

Damit begann für Wochen – Wochen des Schwankens und der Untätigkeit, die den Winter näher brachten – eine schwere Krise in der deutschen Führung. Unzweifelhaft boten sich im Mittelabschnitt die größten Erfolgsaussichten, obwohl man das Abfließen von Kräften auf dem Kessel Bialystok–Minsk nach hinten nicht völlig hatte verhindern können. Bei Smolensk bahnte sich eine neue Umfassungsschlacht an. Die Zahl der Kriegsgefangenen hatte sich jetzt auf 895 000 erhöht, die Zahl der vernichteten oder erbeuteten Panzer auf 13 145, der Geschütze auf 10 398, der Flugzeuge auf 9082. Die schwersten Verluste hatte der Gegner bisher im Mittel- und Nordabschnitt erlitten. Am 25. Juli mußte Halder jedoch feststellen, daß die bislang so schwungvolle Vorwärtsbewegung versandete.

Nur im Norden ging der Vormarsch weiter, Generaloberst v. Küchler drang in Estland ein, nahm Dorpat und Pernau, Generaloberst Busch und Generaloberst Hoepner brachen südlich des Peipussees durch. Leningrad, das große Ziel, rückte näher, allein auch hier wurde Hitler unsicher. Die ersten ernsten Versorgungsschwierigkeiten tauchten auf. Nachschub- und Transportwesen waren nicht einheitlich zusammengefaßt, beide sahen sich ungeheuren Anforderungen gegenüber. Der Verschleiß an Motoren übertraf jede Berechnung, vor allem infolge des Umstandes, daß die Panzerdivisionen fast stets ohne Fahrzeuge verlegt werden mußten.

Am 27. Juli erfuhr Guderian im Hauptquartier Feldmarschall v. Bocks in

Zu Beginn des Rußlandfeldzuges feierte die deutsche „Blitzkrieg"-Strategie nochmals Triumphe. Die Zahl der Gefangenen (Bilder links und oben) nahm gewaltige Ausmaße an. Allein bei der Kesselschlacht von Kiew gerieten 665.000 Rotarmisten in deutsche Gefangenschaft. Doch derartige Teilerfolge schon für den Sieg zu halten, war pure Augenauswischerei: Die Sowjetunion verfügte über ein schier unerschöpfliches „Menschenmaterial", und in der Weite des russischen Raumes mußte sich früher oder später auch der geballteste Angriff verlieren.

Borissow, seine Panzergruppe und die 2. Armee, deren Führung an den General der Panzertruppen Rudolf Schmidt übergegangen war, sollten nach Südwesten einschwenken, um einen Kessel bei Gomel auszuräumen. Hitlers neue These lautete, großräumige Umfassungsoperationen seien falsch, man müsse die Bildung kleinerer Teilkessel anstreben, ein Schluß, den er aus dem zähen Widerstand des Gegners und dem Umstand gezogen hatte, daß bei größeren Kesseln sich nicht verhindern ließ, daß feindliche Kräfte nach hinten abflossen. Im Grunde trat damit zutage, wie sehr die ohnehin in divergierender Richtung angesetzten Kräfte durch den Raum verschlungen wurden. Im OKH trat man nach wie vor dafür ein, jetzt Moskau zu nehmen und die Masse der russischen Kräfte, die noch immer die Hauptstadt deckten, zu schlagen. Dann konnte man daran denken, die wichtigsten Industriegebiete des europäischen Rußland, Leningrad, die Ukraine und den mittelrussischen Raum zu sichern. Immerhin wurde jetzt deutlich, daß man die projektierte »Wehrgrenze«, die Linie Onega-See–Wolga, nicht mehr im Sommer erreichen würde. Brauchitsch begann sich – zu spät – mit dem Problem der Winterbekleidung und Winterversorgung des gesamten Ostheeres zu beschäftigen. Er dachte an eine großzügige Wintersachensammlung in der Heimat, aber nun wollte Hitler wieder von solchen »defaitistischen Ideen« nichts hören. Der Feldzug mußte noch in diesem Jahr entschieden werden!

Inzwischen konnte die Heeresgruppe Süd Anfang August in der Kesselschlacht von Uman den ersten großen Erfolg buchen: Budjonnys geplante Rumänienoffensive wurde abgefangen, rund fünfundzwanzig russische Divisionen der 6., 12. und 18. sowjetischen Armee wurden vernichtet oder gefangengenommen; 600 000 Gefangene blieben in deutscher Hand. Das wichtige Erzgebiet von Kriwoj Rog wurde genommen, rumänische Truppen schlossen Odessa ein, längs der Küste des Schwarzen Meeres stießen deutsche Truppen auf den Hafen von Nikolajew vor. Aber noch immer lag die Heeresgruppe Süd nicht auf gleicher Linie mit den übrigen Heeresgruppen.

Die Diskussion im Führerhauptquartier verschärfte sich. Brauchitsch arbeitete eine Denkschrift zugunsten der Offen-

sive auf Moskau aus. Hitler wollte bei Verhalten im Mittelabschnitt die Flügel vorreißen.
Das Ziel war für ihn nicht in erster Linie Moskau, sondern die Krim, das Industrierevier des Donbas und die Abschneidung der Ölzufuhren aus dem Kaukasus. Er äußerte, nach Vernichtung der die Flanke der Heeresgruppe Mitte in Südrußland bedrohenden Kräfte würde der Stoß auf Moskau nicht schwieriger, sondern leichter werden. Daher müsse man Moskau zurückstellen, Leningrad nehmen, die südrussische Flanke bereinigen und damit das ukrainische Industriepotential gewinnen.
Generaloberst Halder bewog Feldmarschall v. Bock, Guderian zu Hitler zu entsenden. Dieser traf am Abend des 23. August im Führerhauptquartier ein und begab sich zu Hitler, ohne daß ihn einer der maßgebenden Generalstabsoffiziere begleitete. Brauchitsch war durch die beständigen fruchtlosen Auseinandersetzungen bereits so zermürbt, daß er es für sinnlos hielt, überhaupt noch von Moskau zu sprechen, während Halder gerade in der Mission Guderians das letzte Mittel sah, Hitler umzustimmen. Hitler sagte diesem, er habe sich für die Ukraine entschieden, seine Generale verstünden nichts von Kriegswirtschaft.
Guderians Panzergruppe wurde mit zwei Korps neu formiert und schwenkte nach Süden ein. Bock verblieb ein einziges Panzerkorps. Die neue Bewegung führte in den Sonnenblumenfeldern der Ukraine zu einem neuen überwältigenden Anfangserfolg. Nordöstlich von Kiew geriet Budjonnys »Südwestfront« mit der 5. und 21. Schützenarmee sowie zahlreichen gepanzerten und mechanisierten Verbänden und Kavalleriedivisionen in den Mahlstrom eines riesigen Kessels zwischen Tschernigow–Nowgorod, Sewersk und Gluchow. Aber die schlechten Wegeverhältnisse, die Hitze und der Staub

Der Hauptstoß der Heeresgruppe Nord zielte auf Leningrad, wie das altehrwürdige Sankt Petersburg seit 1924 hieß. Anfang September 1941 erreichten die ersten deutschen Panzerkolonnen den Stadtrand (Bild oben: Panzer IV., der Standardpanzer der Wehrmacht).
Die Erstürmung der Stadt wurde aber abgeblasen, da Hitler sich dafür entschieden hatte, den Fall Leningrads durch Aushungern herbeizuführen.
Bild rechte Seite oben: Kampf um einen russischen Bahnhof an der Nordfront. Bild rechte Seite unten: So lag Leningrad vor den deutschen Angreifern: Blick durch das Scherenfernrohr über die Newa auf Werft und Fabrikanlagen der Stadt; die am diesseitigen Ufer erkennbaren zylinderförmigen Behälter sind Öltanks.

Die letzten Kräfte sind ausgegeben

Tagebuchnotiz des Generalstabschefs Franz Halder, 11.8.1941

An den von Angriffsbewegungen nicht betroffenen Fronten ist Erschöpfung. Das, was wir jetzt machen, sind die letzten verzweifelten Versuche, die Erstarrung im Stellungskrieg zu vermeiden. Die Oberste Führung ist in ihren Mitteln sehr beschränkt. Die H. Gr. (Heeresgruppen; Anm. d. Autors) sind durch natürliche Grenzen (Sumpfniederungen) voneinander getrennt. Unsere letzten Kräfte sind ausgegeben. Jede Neugruppierung ist eine Verschiebung auf der Grundlinie innerhalb der Heeresgruppen. Das dauert Zeit und verbraucht Kraft von Menschen und Maschinen. Daher Ungeduld und Nervosität der höheren Führung und zunehmende Neigung, in alle Einzelheiten hineinzureden.

Mit dem Hineinreden in Einzelheiten, was man dann aber von unserer Seite nicht als Befehl, sondern als Wunsch oder Anregung an die Heeresgruppe bringt, ist natürlich eine große Gefahr verbunden. Wir kennen die Bedingungen nicht, unter denen die Ausführung erfolgen muß. Erfolgt sie langsamer, als wir uns wünschen, dann wird gleich mangelnder guter Wille oder gar bösartige Eigenmächtigkeit besonders bei den Panzerverbänden angenommen, die technischen Zwangsläufigkeiten mehr unterliegen als andere Verbände. Meine Bemühungen, das Hineinreden zu bremsen, sind leider nicht immer von Erfolg begleitet.

In der gesamten Lage hebt sich immer deutlicher ab, daß der Koloß Rußland, der sich bewußt auf den Krieg vorbereitet hat, mit der ganzen Hemmungslosigkeit, die totalitären Staaten eigen ist, von uns unterschätzt worden ist. Diese Feststellung bezieht sich ebenso auf die organisatorischen wie auf die wirtschaftlichen Kräfte, auf das Verkehrswesen, vor allem aber auf rein militärische Leistungsfähigkeit. Wir haben bei Kriegsbeginn mit etwa 200 feindlichen Div. (Divisionen; Anm. d. Autors) gerechnet. Jetzt zählen wir bereits 360. Diese Div. sind sicherlich nicht in unserem Sinne bewaffnet und ausgerüstet, sie sind taktisch vielfach ungenügend geführt. Aber sie sind da. Und wenn ein Dutzend davon zerschlagen wird, dann stellt der Russe ein neues Dutzend hin...

verschlissen immer mehr Material. Die Bestände der Panzerdivisionen schmolzen dahin, Panzerfahrzeuge, Befehlspanzer, Lastkraftwagen, Halbkettenfahrzeuge, Krafträder fielen aus und blieben liegen, Ersatz kam spärlich oder gar nicht.

Noch schwelgen alle im Führerhauptquartier in Siegesgewißheit. Der OKW-Bericht meldete stereotyp »erfolgreiche Kampfhandlungen« im Osten. Zentrum der Sorge und Skepsis war einstweilen nur das OKH in »Mauerwald« und Zossen, wo der Generalquartiermeister des Heeres, General Eduard Wagner, nach einer Lösung für das Nachschubproblem suchte.

Im Norden machte der Angriff des Feldmarschalls v. Leeb auf Leningrad Fortschritte. Seitens des OKH drängte man jetzt im finnischen Hauptquartier auf eine Offensive am Swir-Fluß zwischen der Südspitze des Onega- und der Ostspitze des Ladogasees, damit die über den Wolchow-Fluß vordringenden deutschen Truppen sich mit den finnischen Kräften vereinigen konnten. Am Ilmensee wurden drei russische Schützenarmeen vernichtet, Schlüsselburg, der östliche Sperriegel Leningrads, wurde genommen. Aber nun befiel Hitler Unsicherheit angesichts der Frage, was mit der Millionenbevölkerung Leningrads geschehen solle, wenn die Stadt fiel. Er beschloß, die Riesenstadt nicht zu nehmen, sondern einzuschließen, obwohl der russische Widerstand vor dem Zusammenbruch stand. Feldmarschall v. Leeb urteilte später erbittert, Hitler habe in Rußland so geführt, als ob er mit den Russen im Bunde gewesen sei.

Im Mittelabschnitt leitete Marschall Timoschenko zur Deckung Moskaus einen Gegenstoß ein. Im Süden näherte sich die Kesselschlacht bei Kiew dem Abschluß, die Bewegungen der deutschen Panzerverbände waren freilich durch schwere Regenfälle behindert, die alle Straßen in Schlamm und Morast verwandelten. Zeitweilig saß die Panzergruppe Kleist im Schlamm fest. Brauchitsch erörterte indes beim AOK 2 in Gomel, wohin auch Guderian befohlen wurde, erneut den Angriff auf Moskau. Er hatte das Bild der Marneschlacht vor Augen, noch mochte er die eigene Idee nicht vorzeitig fahrenlassen. Den sowjetrussischen Generalen war freilich schon der Entschluß, den Vormarsch auf Moskau plötzlich zu stoppen, als »zweites Marnewunder« erschienen. Auch Feldmarschall v. Bock glaubte, man müsse nun Moskau nehmen, noch sei die Jahreszeit dafür nicht zu weit vorgeschritten. Auf Betreiben des OKH erließ Hitler daher noch vor Abschluß der Schlacht von Kiew am 15. September 1941 – im Grunde acht Wochen zu spät – den Befehl, die Heeresgruppe Mitte habe sich zum Angriff auf Moskau bereitzustellen. Guderian wurde wieder nach Norden umdirigiert, Leeb vor Leningrad in Zarskoje Selo angehalten. Die Panzergruppe 3 sollte gemeinsam mit dem AOK 9 den Nord-

Zuerst Moskau oder Kiew? Das war die Frage während der Beratung im Führerhauptquartier auf dem Bild linke Seite oben (von links nach rechts: Keitel, von Brauchitsch, Hitler und Halder). Gegen den Widerstand seiner Heerführer ließ Hitler nach der ersten Angriffswelle an allen drei Frontabschnitten den entscheidenden Stoß auf Moskau zurückstellen. Es schien ihm wichtiger, in großen Kesselschlachten die russiche Wehrkraft zu vernichten und die Ukraine in die Hand zu bekommen. Bild linke Seite unten: „Verkehrsstau" auf dem Vormarsch in der Ukraine. Bild rechts: So sah die Hauptstraße von Kiew aus, als die deutschen Truppen in der ukrainischen Hauptstadt eintrafen. Als Ursache des in Kiew wütenden Brandes galt die Explosion russischer Zeitzünderbomben.

Der größte Kampf der Weltgeschichte

Hitlers Rede im Sportpalast Berlin, 3.10.1941

Seit dem 22. Juni tobt ein Kampf von einer wahrhaft weltentscheidenden Bedeutung. Umfang und Auswirkung dieses Ereignisses wird erst eine Nachwelt klar erkennen. Es war, das darf ich heute aussprechen, der schwerste Entschluß meines ganzen bisherigen Lebens. Ein jeder solcher Schritt öffnet ein Tor, hinter dem sich Geheimnisse verbergen, und erst die Nachwelt weiß genau, wie es kam und was geschah.

So kann man sich nur im Innern mit seinem Gewissen abfinden. Das Vertrauen auf sein Volk, auf die geschmiedete Waffenstärke haben und schließlich, was ich früher oft sagte, den Herrgott bitten, daß er dem den Segen gibt, der selbst gewillt und bereit ist, heilig und opfervoll für sein Dasein zu kämpfen.

Am 22. Juni morgens setzte nun dieser größte Kampf der Weltgeschichte ein. Seitdem sind etwas über dreieinhalb Monate vergangen, und ich kann heute hier eine Feststellung treffen: Es ist alles seitdem planmäßig verlaufen.

Was immer auch vielleicht im einzelnen der Soldat oder die Truppe an Überraschendem erleben mußte, der Führung ist in dieser ganzen Zeit in keiner Sekunde das Gesetz des Handels aus der Hand genommen worden. Im Gegenteil, bis zum heutigen Tag ist jede Aktion genau so planmäßig verlaufen, als im Osten gegen Polen, dann gegen Norwegen und endlich gegen den Westen und auf dem Balkan. Und noch eines muß ich hier feststellen, wir haben uns weder in der Richtigkeit der Pläne getäuscht, noch in der einmaligen geschichtlichen Tapferkeit des deutschen Soldaten.

Wir haben uns nicht getäuscht über das reibungslose Funktionieren unserer ganzen Operationen der Front, über die Beherrschung der gigantischen hinteren Räume und auch nicht getäuscht über die deutsche Heimat. Wir haben uns aber über etwas getäuscht: Wir hatten keine Ahnung davon, wie gigantisch die Vorbereitungen dieses Gegners gegen Deutschland und Europa waren, und wie ungeheuer groß die Gefahr war, wie haarscharf wir diesmal vorbeigekommen sind an der Vernichtung nicht nur Deutschlands, sondern ganz Europas.

Ich spreche das hier heute aus, weil ich es heute sagen darf, daß dieser Gegner bereits gebrochen und sich nie mehr erheben wird.

flügel der Mittelfront bilden, die Panzergruppe 4 wurde mit dem XXXX. und XXXXVI. Panzerkorps, vier Heeres- und einer SS-Panzerdivision neu gruppiert, weit nach Süden in den Raum von Roslawl gezogen und südlich der Autobahn Smolensk–Moskau bereitgestellt. Angesichts des sich deutlich abzeichnenden Sieges bei Kiew ließ sich Hitler in diesen Septembertagen voll trügerischen letzten Sonnenglanzes darüber aus, wie sehr er über das große Rüstungspotential des Gegners erstaunt sei: Hätte er diese Tatsache vorher gekannt, hätte er sich nicht zum Angriff entschlossen. Er komme sich vor wie der Reiter über dem Bodensee. Jetzt, da man den Sieg in der Tasche habe, könne man dies offen sagen! Offiziell lautete der Tenor anders, in amtlichen Verlautbarungen hieß es immer wieder, gerade die riesige russische Rüstung enthülle, wie notwendig es gewesen sei, in den beabsichtigten Angriff hineinzustoßen.

Ende September 1941 ging die Schlacht in der Ukraine zu Ende; fünf sowjetische Schützen- und Panzerarmeen waren vernichtet worden, 665 000 Kriegsgefangene blieben in deutscher Hand. Marschall Budjonny entkam im Flugzeug aus dem Kessel, sein Stellvertreter, Generaloberst Kirponos, wurde tot auf dem Schlachtfeld gefunden. Die deutsche Berichterstattung überschlug sich in Superlativen. War Bialystok–Minsk die »größte Vernichtungsschlacht« der Geschichte gewesen, so wurde Kiew zum »größten Schlachtensieg der Weltgeschichte« gestempelt.

Stalin nahm wenig später als Vorsitzender des sowjetischen Verteidigungsrates eine Umgruppierung der Kräfte und Oberbefehlshaber vor. Woroschilow und Budjonny, alte Kriegskameraden aus dem Bürgerkrieg, die dem modernen Krieg nicht in vollem Umfang gewachsen waren, wurden abberufen und mit der Organisation von zwei grossen Reservegruppen im Ural und an der Wolga betraut. Die Front wurde in zwei Abschnitte, »Nord-West-Mitte« und »Südwest« unterteilt, deren Befehl Marschall Georgi Konstantinowitsch Schukow und Marschall Timoschenko in Südrußland übernahmen. Mit Georgi Schukow erschien die stärkste Feldherrnbegabung der Roten Armee in ver-

Unbesteitbar ist, daß viele Bewohner der von Stalin 1939-1941 besetzten Gebiete in Ostmitteleuropa in der Wehrmacht zunächst den Befreier vom sowjetischen Joch sahen. Bild oben: Der Jubel, mit dem beispielsweise diese Bessarabier, die unter dem sowjetischen Regime litten, die deutschen Soldaten begrüßen, sollte aber bald ins Gegenteil umschlagen. Hitler ging es im Osten nur um die Ausbeutung der Arbeitskraft und der Rohstoffe für seinen Krieg (Bild linke Seite: Getreideernte in der Ukraine). Hinzu kam die engstirnige „Rassenpolitik" der deutschen Besatzer, die aus den freundlich gesonnenen Angehörigen der nichtrussischen Minderheiten Zug um Zug hassende Feinde und gefürchtete Partisanen machte.

antwortlicher Stellung. Trocken, kühl rechnend und eigenwillig, war er ein ausgesprochen strategischer Kopf. In der Reichswehrzeit hatte er die Ausbildungskurse des Truppenamtes der Heeresleitung für russische Generalstabsoffiziere durchlaufen. Später hatte er sich im Grenzkrieg in der Mongolei gegen die Japaner die ersten Lorbeeren erworben.

Die Heeresgruppe Süd erhielt nun Befehl, mit den deutschen, italienischen, ungarischen, slowakischen und rumänischen Verbänden in Richtung des Donezbeckens und des Unterlaufs des Don vorzustoßen. Die 11. Armee, deren Befehl General v. Manstein übernahm, nachdem Generaloberst Ritter v. Schobert gefallen war, wurde zusammen mit rumänischen Gebirgsverbänden auf die Landenge von Perekop angesetzt, um den Zugang zur Krim zu erzwingen. Generaloberst v. Kleist folgte mit seinen Panzern, Rumänen und einem deutschen Gebirgskorps in Richtung auf Mariupol und Rostow am Don. Mehr noch als in Mittelrußland jubelte in der Ukraine die Bevölkerung den deutschen Truppen zu, wähnte sie doch die Stunde gekommen, da die Unabhängigkeit der Ukraine, der Traum eines von der Geschichte stets stiefmütterlich behandelten Volkes, verkündet wurde. Oftmals wurden in den Dörfern die deutschen Panzer mit Blumen bekränzt, die Bevölkerung brachte den deutschen Soldaten, was ihre Vorratskammern zu bieten vermochten. Als sich die deutschen Truppen den Wohnsitzen der Kosaken am Don näherten, erwachte der alte Haß der Kosakenbevölkerung gegen die bolschewistischen Unterdrücker von neuem. Die Kosaken hatten im Bürgerkrieg von 1918-22 den Kern der weißen Freiwilligenarmeen gebildet, die ausgezogen waren, das alte Heilige Rußland zu retten.

Am 23. September 1941 gruppierte Guderian seine Panzerdivisionen für den Angriff auf Moskau im Raum von Gluchow um. Vorgesehen war, Moskau durch eine weitausholende Zangenbewegung einzuschließen. Guderian wurde auf Tula angesetzt, Hoth mit der Panzergruppe 3 im Mittelabschnitt nördlich, Hoepner mit der Panzergruppe 4 südlich der Autobahn Smolensk–Moskau. Die Hauptlast des Infanterieangriffes fiel auf Feldmarschall v. Bocks 2., 4. und 9. Armee unter den Generalen Schmidt, v. Kluge und Strauß. Die Ersatzlage bei Guderians Panzergruppe ebenso wie bei denjenigen Hoepners und Hoths war bereits katastrophal. Das Panzerregiment 6 der 3. Panzerdivision des Generals Walter Model verfügte Mitte September noch über zehn einsatzfähige Panzer. Bei der 6. Panzerdivision, die Hoth unterstellt war, sah es nicht viel besser aus. Von 100 Ersatzpanzern, die für die Panzergruppe 2 bestimmt waren, erreichten nur 50 ihr Ziel. Die Treibstofflage wurde so kritisch, daß vielfach die rückwärtigen Dienste ihren Betriebsstoff an die Gefechtsfahrzeuge abgeben mußten, um wenigstens deren Bewegungen noch in Gang zu halten. Noch waren Männer wie Guderian indes überzeugt, daß eiserne Unnachgiebigkeit ausreiche, um die Operationen weiterzutreiben.

Die deutsche Öffentlichkeit wurde mit Siegesmeldungen überschüttet. Die Offensive auf Moskau erhielt den Decknamen »Taifun«, sie sollte den letzten Widerstand hinwegfegen. Am 2. Oktober 1941 erließ Hitler einen Aufruf an die Soldaten der Ostfront, die letzte große Entscheidungsschlacht des Jahres stehe bevor, vor Anbruch des Winters müsse der Gegner zerschmettert werden. In Berlin ergriff er zur Eröffnung des Kriegswinterhilfswerkes 1941/42 selbst das Wort. Der Gegner, so prophezeite er, sei gebrochen und werde sich nie mehr erheben. Allein er gab auch zu, daß der Angriff im Osten der schwerste Entschluß seines Lebens gewesen sei, daß jeder derartige Schritt ein Tor öffne, hinter dem sich nur Geheimnisse verbergen.

Noch einmal riß das große Ziel – Moskau – die Truppe empor, die so Ungeheures geleistet, die Tausende von Kilometern bewältigt und weite Räume Rußlands erobert hatte, ohne daß irgendein Ende der Kämpfe zu erkennen war. Bis zum 31. August 1941 betrugen die Verluste im Osten 84 354 Tote, 20 000 Vermißte und 292 680 Verwundete, ein Vielfaches aller bisherigen Verluste und doch nur eine schwache Vorahnung der Hekatomben, die der Osten noch verschlingen sollte.

Am 2. Oktober 1941 begann »Taifun«. Im Mittelabschnitt begünstigte in den ersten Tagen gutes Herbstwetter die Operationen. Doch der bereits flacher fallende Schein der Sonne über den ungeheuren Ebenen trog. Dahinter zog düster die Nacht auf, lauerten Stürme, die von Osten die Schneewolken des Winters heranführten. Die Woge des Erfolges, die den Mann im Bunker der »Wolfsschanze« in Ostpreußen so hoch emporgehoben, hatte ihren höchsten Stand erreicht. Vierzig Stunden nach Beginn der Offensive nahmen Panzer Guderians am Abend des 3. Oktober überraschend Orel an der Oka, in dessen Straßen noch fast friedensmäßiges Leben herrschte. Damit war die Bahnverbindung zwischen Moskau und Charkow unterbrochen. Gleichzeitig marschierte die 6. Armee unter Reichenau auf Charkow, die zweitgrößte Stadt der Ukraine, deren nach amerikanischen Vorbildern erbaute Hochhäuser sich so unwirklich wie eine Potemkinsche Traumstadt über der Steppe erhoben. Bei der Panzergruppe 4 stieß die 10. Panzerdivision 200 Kilometer tief vor und vereinigte sich am 7. Oktober mit den Spitzen der nördlich der Moskauer Autobahn vorpreschenden Panzergruppe 3 bei Wjasma. Im Raum Wjasma–Brjansk legten sich die eisernen Zangenarme der beiden Panzergruppen Hoepners und Hoths um das Gros der Verteidiger Moskaus. Eine neue riesenhafte Kesselschlacht zeichnete sich ab.

Panik ergriff die Kremlstadt. Die Volkskommissariate und die fremden Diplomaten flüchteten nach Samara (Kuiby-

Als Hitler sich endlich entschloß, die „Operation Taifun" in Gang zu setzen, den Angriff der Heeresgruppe Mitte auf Moskau, war die Jahreszeit schon weit fortgeschritten. Zwar waren für den Angriff 70 Divisionen bereitgestellt, doch behinderte die bereits am 8. Oktober einsetzende Schlammperiode den deutschen Vorstoß entscheidend. Und dann trat auf sowjetischer Seite auch noch frühzeitig der gefürchtete „General Winter" an (Bilder oben und linke Seite), der schon Napoleons große Armee dezimiert hatte.

schew) an der Wolga. Lenins Leichnam wurde in seinem gläsernen Sarg aus dem Kreml fortgeschafft. Nur Stalin und seine engsten Mitarbeiter harrten im Kreml aus. Die Arbeitermiliz wurde aufgeboten, die Stadt bereitete sich auf den letzten Kampf vor. Unterstützt von Sturzkampfflugzeugen des VIII. Fliegerkorps durchbrachen die Verbände der Panzergruppe 4 in schwersten Kämpfen auf dem seit Napoleons Rußlandfeldzug historischen Schlachtfeld von Borodino die große Moskauer Schutzstellung zwischen Twer (Kalinin) und Kaluga, die mit ihren Betonbunkern, eingebauten Flammenwerferbatterien, Panzerhindernissen und Minenfeldern in monatelanger Arbeit ausgebaut worden war. Hier traf man auf die ersten sibirischen Truppen, die 32. Schützendivision aus Wladiwostok; der Gegner setzte motorisierte Raketenwerferbatterien ein. Es nutzte nichts. Deutsche Truppen erschienen in Moschaisk und in Wolokolamsk nordwestlich von Moskau. Auch die zweite Schutzstellung an der Nara östlich von Moschaisk wurde durchbrochen. Der deutsche Vormarsch schien unaufhaltsam. Sowjetische Pioniereinheiten bereiteten den Kreml zur Sprengung vor, Guderians XXIV. Panzerkorps stieß über Orel auf Tula vor.

Mitte Oktober setzte im Moskauer Gebiet nach rasch wieder tauendem Schnee die Schlammperiode des russischen Vorwinters ein. Die Treibstoffversorgung geriet vollends ins Stocken. Guderian ersuchte um die Zuweisung von Winterbekleidung, doch es gab keine. Man stand 1500 Kilometer tief in Rußland, die Transportkrise nahm katastrophale Ausmaße an, das russische Bahnsystem mußte erst auf die deutsche Spurweite umgestellt werden, es fehlte an rollendem Material, vor allem an winterfesten Lokomotiven, es fehlte an Kraftfahrtransportraum, und war dieser vorhanden, fehlte es wieder an Treibstoff. Das OKH aber hatte noch immer die Schatten der Marneschlacht vor Augen. Einmal hatte man den Kampf zu früh aufgegeben, einmal hatte ein Generalstabschef die Nerven verloren. Hoth erhielt Befehl, mit der Panzergruppe 3 nördlich um Moskau herumzuschwenken, Guderian wurde über Tula hinaus auf die Oka-Übergänge zwischen Kolomna und Serpuchow angesetzt.

Die Schlacht tobte jetzt zwischen den Waldai-Höhen im nördlichen Rußland und dem Asowschen Meer. Am 16. Oktober nahm die 4. rumänische Armee unter General Jacobici Odessa. Am Asowschen Meer kesselten Kleist, Manstein und der rumänische General Dimitrescu mit der 3. rumänischen Armee vier sowjetische Schützenarmeen ein und rieben sie auf. 100 000 Kriegsgefangene waren die Beute. Nach Erzwingung der Zugänge zur Krim schickte sich Manstein an, fächerförmig mit dem AOK 11 auf Sewastopol, die russische Seefestung am Schwarzen Meer, hinabzustoßen. Kleists Panzer rollten weiter auf Rostow zu. Am 17. Oktober

ging die Kesselschlacht von Wjasma–Brjansk zu Ende. 67 Schützendivisionen, sechs Kavallerie-, sieben Panzerdivisionen und sechs Panzerbrigaden der Roten Armee waren zerschlagen oder vernichtet. Im Süden eroberte Feldmarschall v. Reichenau Charkow. Deutsche Truppen brachen ins Donezbecken mit seinem Kohlenrevier ein, Stalino (Donezk) wurde genommen. Das OKW bezifferte die Zahl der vernichteten russischen Divisionen auf 260-300, darunter 40 große Panzereinheiten. Mußte dies nicht die Kraft des Gegners erschöpfen? Guderian aber, selbst einer der Eisernsten und Unbeugsamsten, stellte gleichzeitig zum ersten Mal ein Nachlassen der seelischen Kraft der eigenen Truppe fest. Schutzlos war sie den Unbilden der Witterung ausgesetzt. Die Radfahrzeuge blieben im Schlamm stecken, Kettenfahrzeuge mußten zum Schleppen eingesetzt werden. Es gab keine Winterbekleidung, keine Frostschutzmittel für die Motoren, es gab nicht einmal genug Trossen, um Radfahrzeuge im Schlepp zu bewegen. Der Gegner setzte in steigenden Mengen

Den Feind unterschätzt

Tagebucheintragung des Oberbefehlshabers der Heeresgruppe Mitte, Generalfeldmarschall Fedor v. Bock, 7.12.1941

Drei Dinge haben zu der gegenwärtigen schweren Krise geführt:

1. Die einsetzende Herbstschlammzeit. Truppenbewegungen und Nachschub sind durch die tief verschlammten Wege nahezu völlig lahmgelegt. Die Ausnutzung des Sieges von Wjasma ist nicht mehr möglich.

2. Das Versagen der Bahnen. Mängel im Betriebe, Mangel an Wagen, Lokomotiven und geschultem Personal – mangelnde Widerstandsfähigkeit der Betriebseinrichtungen gegen russischen Winter.

3. Die Unterschätzung der Widerstandskraft des Feindes und seiner personellen und materiellen Reserven.

Der Russe hat es verstanden, unsere Transportschwierigkeiten durch Zerstörung nahezu aller Kunstbauten an den Hauptbahnen und Straßen so zu steigern, daß es der Front am Allernötigsten zum Leben und Kämpfen fehlt. Munition, Betriebsstoff, Verpflegung und Winterbekleidung kommen nicht heran. Die Leistungen der infolge Versagens der Bahnen und nach 1500 km langem Vormarsch überbeanspruchten Kraftfahrgeräte sinken zusehends ab. So kommt es, daß wir heute jeder Möglichkeit zu nennenswerten Truppenverschiebungen beraubt und mit versagendem Nachschub einem Feinde gegenüberstehen, der unter rücksichtslosem Einsatz seiner unerschöpflichen Menschenmassen zum Gegenangriff antritt. In überraschend kurzer Zeit hat der Russe zerschlagene Divisionen wieder auf die Beine gestellt und seine verlorene Artillerie durch zahlreiche Raketengeschütze zu ersetzen gesucht. Heute stehen 24 Divisionen mehr vor der Heeresgruppenfront als am 15. November. Demgegenüber ist die Kraft der deutschen Divisionen durch die ununterbrochenen Kämpfe und durch den mit Gewalt hereinbrechenden Winter auf weniger als die Hälfte herabgesetzt.

seine neuen schweren Panzer T-34 und seine neuen Raketensalvengeschütze, die »Stalinorgeln«, ein.
Bei der Heeresgruppe Mitte erreichte das LVII. Korps Borowsk, 80 Kilometer vor Moskau. Am 29. Oktober standen Guderians Panzer vier Kilometer vor Tula und wurden von Panzerabwehr- und Flakgeschützen zusammengeschossen. Ein Versuch, die Stadt in östlicher Richtung zu umgehen, scheiterte. Die Panzergruppe 4 saß an der Moskwa-Niederung und am Smolensk-Moskauer Höhenrücken im Schlamm fest. Ihre Spitzen erreichten noch das Straßenkreuz von Schelkowka, nur 84 Kilometer vom Kreml entfernt.
Zwischen dem 6. und 12. November 1941 setzte an allen Frontabschnitten Frostwetter ein, die Schlammperiode ging zu Ende. Der Frost ermöglichte zunächst die Wiederaufnahme des Angriffs, bis der Winter mit eisiger Kälte und starkem Schneefall anhob. In Orscha versammelte Generaloberst Halder die Stabschefs der Heeres- und Panzergruppen und der Armeen, die Offensive wurde weiter vorangetrieben. Stalin warf frische sibirische Divisionen und die Kosakendivisionen Dowator und Below in den Kampf. Der Endkampf um die zweite große Moskauer Schutzstellung zwischen Klin–Istra–Swenigorod–Naro– Fominsk–Serpuchow–Tula begann. Der Panzergruppe 4 wurden das V., VII. und IX. Armeekorps zugewiesen. Das V. Korps sollte Klin nehmen und dann, nach Südosten eindrehend, Moskau von Norden her abriegeln und die Verbindung Moskau–Leningrad durchschneiden. Bei eisiger Kälte setzte Guderian am 18. November 1941 zu dem befohlenen neuen Stoß auf Gorki an. Die 17. Panzerdivision umging Tula und erreichte als nördlichsten Punkt Kaschira. Dann war ihre Kraft am Ende. Nordöstlich Moskau suchte die 44. mongolische Kavalleriedivision bei Mussino durch verzweifelte Reiterattacken den deutschen Vormarsch aufzuhalten. Die 2. Panzerdivision nahm Solnetschnogorsk und gewann unterhalb von Twer die Eisenbahnlinie Moskau–Leningrad. Über Klin hinaus stießen Panzer der Panzergruppe 3 zu weitausholender Umgehung Moskaus auf den Moskwa-Wolga-Kanal vor. Bei Peschki griffen russische Panzerbrigaden mit englischen Panzern an. Das XXXX. und XXXXVI. Panzerkorps unter den Generalen Stumme und Frhr. v. Vietinghoff gen. Scheel nahmen bei grimmigster Kälte und hohem Schnee in schweren Waldkämpfen den Istra-Abschnitt, das Kernstück der zweiten großen Schutzlinie vor Moskau. Damit schoben sich die Divisionen der Panzergruppe 4 in einem Viertelring nordwestlich von Moskau fast überall zwischen Klasmafluß, Istra-Staubecken und der Moskwa bis auf 32 bis 35 Kilometer Entfernung an die russische Hauptstadt heran. Dann war freilich auch ihre Kraft am Ende, während die Moskauer Bevölkerung, soweit sie nicht geflohen war, bereits den Gefechtslärm hören konnte.
Auf der Krim blieb Mansteins Angriff infolge der Nachschubkrise vor Sewastopol liegen. Die Panzergruppe Kleist nahm am 21. November Rostow, dann erlahmte auch ihre Kraft. Guderian wurde skeptisch und forderte Feldmarschall v. Bock am 23. November auf, zur Verteidigung überzugehen. In Berlin tagten zwei Tage darauf die Mächte des Antikomintern-Paktes, das Deutsche Reich, Italien, Japan, Spanien sowie Mandschukuo, der japanische Satellitenstaat in der Mandschurei, und beschlossen die Verlängerung dieses Paktes gegen die Kommunistische Internationale um weitere fünf Jahre. In einem feierlichen Staatsakt erklärten Bulgarien, Dänemark, Finnland, Kroatien, Rumänien, die Slowakei und die auf Betreiben der Japaner gebildete nationalchinesische Regierung ihren Beitritt. Joachim von Ribbentrop, einst im Jahre 1936 als heimlicher zweiter Außenminister, als außenpolitischer

Am 6. Dezember 1941 traten 14 Sowjetarmeen unter dem Oberbefehl des Armeegenerals Grigori Schukow (oben rechts) zur „Winterschlacht vor Moskau" an. Die deutschen Truppen unter Generalfeldmarschall Fedor von Bock (oben links) kamen ins Wanken, die Front wurde an vielen Stellen aufgerissen. Im Führerhauptquartier dachte mand an Napoleons fluchtartigen Rückzug aus Rußland. Hitler übernahm nun selbst den Oberbefehl über das Heer und rief die Soladaten an der Ostfront zu „fanatischem Widerstand" auf.

Bild linke Seite: Deutsche Soldaten vor Moskau ergeben sich bestens für den Winterkrieg ausgerüsteten Sowjetarmisten.

Berater des Führers, der Schöpfer dieses Paktes, der Japan in nähere Beziehungen zum Reich gebracht hatte, erklärte jetzt, der bolschewistische Koloß sei zertrümmert. Dies war am 26. November 1941.
Einen Tag darauf, am 27. November, griff Marschall Timoschenko bei Rostow an, die erste große Gegenoffensive setzte ein. An diesem Tag erreichten Spitzen der Panzergruppe 4, vor allem Einheiten der 2. Panzerdivision, Krasnaja Poljana 22 Kilometer vor Moskau. Am 30. November räumte Kleist Rostow wieder. Feldmarschall v. Rundstedt forderte den Rückzug auf den Miusfluß. Hitler untersagte jede Rückzugsbewegung. Rundstedt erbat seinen Abschied. Er wurde ihm gewährt. Zum Nachfolger wurde Feldmarschall v. Reichenau ernannt. Dieser sah, daß nichts anderes blieb, als am Mius eine Winterstellung zu beziehen, und führte den Rückzug durch. Hitler fügte sich.
An der Front herrschte bitterste Kälte, das Thermometer sank bis auf 38 Grad, Schneestürme tobten, und die Truppe focht immer noch in den Uniformen des Sommerfeldzuges. Es gab zahllose Erfrierungen. Panzer blieben liegen, weil sie keinen Treibstoff mehr hatten. Motoren versagten, weil die Frostschutzmittel fehlten. Artillerieregimenter, die nur mehr über ein Dutzend Rohre verfügten, waren keine Seltenheit mehr. Vielfach schlachtete die Truppe ihre Pferde, um sich zu verpflegen. Und dabei hatte auch Generaloberst Hoth noch seine Panzer bis auf 35 Kilometer vor Moskau geführt. Am 2. Dezember 1941 entriß General Andrei Andrejewitsch Wlassow mit der 2. sowjetischen Stoßarmee das Dorf Kewo 30 Kilometer vor Moskau den Deutschen. General Iwan Stepanowitsch Konjew griff bei Twer Hoepners zerschlissene Panzereinheiten an. Sibirische Truppen in vortrefflicher Winterausrüstung wurden in die Schlacht geworfen. Bei Liwny brachen sowjetische Verbände mit starker Panzerunterstützung tief in die Linien der 2. Armee des Generals Schmidt ein. Bei allen Panzergruppen vollzog sich der Übergang zur Verteidigung. Alle Heeresgruppenbefehlshaber forderten die Zurücknahme ihrer Verbände in eine

Winterstellung, die im Grunde gar nicht vorhanden war. Feldmarschall v. Leeb dachte an einen Rückzug bis nach Polen.
Dagegen stemmte sich jedoch Hitler mit all der dämonischen Willenskraft, die ihm in solchen Momenten zu Gebote stand. Er sah die Gefahr, daß das Heer sich auflöste, daß es seiner angemaßten Befehlsgewalt entglitt, die im Grunde nur auf dem Erfolg, dem Glück, beruhte. Er verbot jedes Zurückweichen. Mit Brauchitsch begann eine neue heftige Auseinandersetzung über die Frage, ob man der schwer ringenden Truppe mit Vorrang Munition oder Winterkleidung zuführen solle. Hitler entschied sich für die Munition. Feldmarschall v. Bock erkrankte und erbat Urlaub, sein Nachfolger wurde Feldmarschall v. Kluge. Am 19. Dezember 1941 enthob Hitler den Oberbefehlshaber des Heeres, Generalfeldmarschall v. Brauchitsch, der bereits am 7. Dezember auf Grund seines erschütterten Gesundheitszustandes den Abschied erbeten hatte, seines Kommandos und übernahm selbst den Oberbefehl über das Heer. In einem Tagesbefehl an das Ostheer hieß es: »Was ich für Euch, meine Soldaten, tun kann, in der Fürsorge und in der Führung, wird geschehen.«
Die wenn auch spät, jedoch keinesfalls zu spät, geforderte Wintersachensamm-

Unter entsetzlichen Verlusten gelang es den Deutschen, die Front im Winter 1941/42 wieder einigermaßen zu stabilisieren (Bilder linke Seite: Im Abwehrfeuer gefallene Sowjetsoldaten werden von den Einwohnern der nächstgeliegenen Ortschaft zur Bestattung geborgen).
Als der russische Winter mit voller Grimmigkeit hereingebrochen war, sahen sich die unzureichend gekleideten und ausgerüsteten deutschen Truppen nahezu schutzlos seinen Unbilden ausgeliefert. In der Heimat wurde hastig zu Sammlungen von Pelzwerk und Winterkleidung aufgerufen (Bild oben: Verladung von Bekleidungsstücken für die Ostfront).

lung wurde als Planung des »Führers« durchgeführt.
In diesen Wintermonaten bildete sich nun in den Bunkern und Baracken der »Wolfsschanze« jene eigenartige Atmosphäre heraus, die für das Führerhauptquartier der zweiten Kriegsphase charakteristisch bleiben sollte. Mit düsterem Fanatismus stürzte sich Hitler auf seine neue Aufgabe, Krieg- und Staatsführung in einer Hand zu vereinen. Das Mißtrauen, das ihn immer stärker gegenüber dem alten Offizierskorps ergriff, ließ ihn sich kaum eine Stunde der Erholung gönnen, verleitete ihn dazu, möglichst alle Entscheidungen selbst zu treffen. Seine Tischgespräche an der Tafel im Hauptquartier, die er sorgfältig aufzeichnen ließ, zeigen indes, wie gern er in solchen Stunden den Alltag, das Kriegsgeschehen, floh, wie seine Gedanken auch jetzt oft der Schaffung neuer Theater, Konzerthäuser, Gemäldegalerien, dem Bau neuer Städte galten, wie fest er auch in diesem Winter noch in dem Bewußtsein lebte, daß ihm der Sieg zufallen würde, daß es dann seine Aufgabe sein werde, dem neuen deutschen Reich als der Vormacht Europas eine neue Gestalt zu geben. Er schonte sich nicht, er sah sich im Ringen mit dem unabwendbaren Geschick und in der Erfüllung der unmöglichen Aufgabe, Operationsführung, Staatslenkung, Verwaltung, Rechtsprechung, Parteiführung allein zu bewältigen.
Generaloberst Halder wiegte sich kurze Zeit in der Hoffnung, ohne Zwischenschaltung eines Oberbefehlshabers besser auf Hitler einwirken zu können. Er täuschte sich bitter. Die Krise wuchs. Guderian flog zu Hitler, um diesen über die Lage an der Front aufzuklären. Doch Hitler hielt an der starren Verteidigung fest, instinktiv ahnend, daß dies in dieser – wenn auch nur in dieser einen – Stunde, das einzige Mittel war, um die unmittelbar drohende Katastrophe eines napoleonischen Rückzuges abzuwenden. Nach einem heftigen Konflikt mit Feldmarschall v. Kluge wegen örtlicher

Absetzbewegungen wurde Guderian am 26. Dezember 1941 seines Kommandos enthoben. Sein Nachfolger wurde der General Rudolf Schmidt. Die Russen machten den Versuch, durch eine Doppellandung auf der Halbinsel Kertsch und bei Feodosia die Krim zurückzuerobern. Als der auf der Halbinsel Kertsch befehligende General Graf v. Sponeck den Rückzug befahl, wurde er abgesetzt und wegen Feigheit auf die Festung gebracht. Bei der 17. Armee wurde General v. Stülpnagel seines Postens enthoben. Generaloberst Strauß, Oberbefehlshaber der 9. Armee, meldete sich krank. Am 8. Januar 1942 traf Generaloberst Hoepner wegen eigenmächtiger Absetzbewegungen, die notwendig geworden waren, um sich einer Umfassung zu entziehen, der Bannstrahl. Er wurde aus der Armee ausgestoßen. Im hohen Norden wurde Generaloberst v. Falkenhorst als Oberbefehlshaber der Lappland-Armee durch den General der Gebirgstruppen Dietl ersetzt und wieder auf seine Befugnisse als Wehrmachtbefehlshaber Norwegen beschränkt.

Seit dem 18. Dezember gab der OKW-Bericht offiziell für den Osten den Übergang zum Stellungskrieg zu. An verschiedenen Abschnitten war von »Frontverbesserungen« oder »Frontverkürzungen« die Rede. Erstaunlicherweise hielt die Front jedoch, trotz einzelner gefährlicher Einbrüche des Gegners, wie des Aufreißens der Nahtstelle zwischen den Heeresgruppen Nord und Mitte im Raum Demjansk–Ostaschkow. In solchen Fällen befahl Hitler das Halten wichtiger Punkte als »Igelstellung«. In Cholm verteidigte sich so Generalmajor Scherer mit Alarmeinheiten aus Nachschubeinheiten und Versprengten. In Demjansk behauptete sich das II. pommersche Armeekorps unter General Graf v. Brockdorff-Ahlefeldt. Die Versorgung derartiger »Igel« wurde der Luftwaffe übertragen.

Die erste Winterkrise dieses Krieges gab Hitler recht. Die Taktik, die Verbindungslinien zu halten, die Truppe unter Dach zu bringen und wichtige Verkehrsknotenpunkte oder Versorgungszentren, Wjasma, Rschew, Kaluga, Brjansk, Orel, Kursk, Charkow, als »Igel« mit allen Mitteln zu verteidigen, bewährte sich, bewirkte allerdings,

auf die Dauer gesehen, einen untragbaren Verschleiß der Truppe wie des noch vorhandenen Materials. Dazu kam, daß der russische Gegenstoß noch nicht einheitlich unter großen Gesichtspunkten geführt wurde, trotz reichlicher Ausstattung mit winterfesten beweglichen Einheiten, Panzer- und mechanisierten Verbänden, Schlitten-, Ski- und Kavallerieeinheiten. Die furchtbaren Niederlagen des Sommers waren nicht ohne schwere Folgen geblieben. So gelang es den sowjetischen Truppen zwar vielfach, in die deutschen Linien einzusickern, es gelang ihnen auch, an manchen Stellen tiefe Einbrüche zu erzielen, es gelang ihnen, über das Eis des Ladogasees die Verbindung mit dem belagerten Leningrad wiederherzustellen, aber der Durchbruch in die Tiefe wurde meist gar nicht erstrebt. Im allgemeinen bissen sich die Angreifer vor den deutschen »Igeln« fest und bestätigten damit Hitlers These.

»Wie dieses Jahr ausgehen wird, weiß ich nicht. Ob darin der Krieg sein Ende nimmt, kann niemand sagen. Aber eines weiß ich: Es wird wieder ein Jahr grosser Siege sein«, so erklärte Hitler in einer Rede im Sportpalast in Berlin zum Jahrestag der Machtübernahme am 30. Januar 1942. Die Wehrmachtbe-

richte sprachen von strengem Frost an der Ostfront, von harten Abwehrkämpfen gegen schwerste Massenangriffe, von der »Abriegelung« von Einbruchstellen.
Der Reichspropagandaminister, Dr. Joseph Goebbels, gab voll Stolz die Ergebnisse der Wintersachensammlung für die Ostfront bekannt, die er als den »Sieg des deutschen Herzens« zu verherrlichen suchte. 67 Millionen Stück an Pelz- und Wollsachen wurden als Gesamtergebnis angegeben, darunter befanden sich zahlreiche kostbare Erinnerungsstücke von unersetzlichem Wert wie der Pelzmantel des Altreichskanzlers, den sein Enkel, der Botschafter Fürst v. Bismarck, gegeben, der Jagdmuff Hindenburgs, den der Sohn, Generalmajor Oskar v. Beneckendorff u. Hindenburg, gespendet hatte. Aber die Presse brachte jetzt auch zum erstenmal Artikel gegen »Schwarzseherei«, sie gab Todesurteile gegen »Kriegswirtschaftsverbrecher«, Hamsterer, Schleichhändler, Schieber und Schwarzschlächter bekannt, die von einem verschärften Kampf an der inneren Front redeten. Absichtlich wurden Todesurteile verkündet, die sich gegen Angehörige der Bürokratie oder Mitglieder der alten Oberschicht richteten, Direktoren von Rüstungswerken oder Fabrikanten, Leiter von Kartenstellen, Amtsbürgermeister oder Lazarettverwalter. Der Eishauch des östlichen Winters, die dunkle Ahnung, daß das Ostheer mit Mühe einer Katastrophe entronnen war, ergriff auch die Heimat. Die schwere Transportkrise, die es teilweise unmöglich machte, die gespendeten Wintersachen noch rechtzeitig der Truppe zuzuführen, hatte auch Einschränkungen im Bahn- und Kraftfahrzeugverkehr in der Heimat zur Folge. Amtlich wurde entsprechend der Neigung Hitlers, in schwierigen Situationen neue Sonderbevollmächtigte einzuschalten, die Ernennung eines Generalinspekteurs in Gestalt eines SS-Führers bekanntgegeben, der die verfahrene Lage im Kraftfahrwesen meistern sollte.
Für die besetzten Ostgebiete, die unter dem Reichsminister Alfred Rosenberg zusammengefaßt worden waren, wurde im Februar 1942 der Erlaß einer neuen Agrarordnung bekanntgegeben. An die Stelle der sowjetischen Kollektivwirtschaft sollte eine gemischte, halb privatwirtschaftliche, halb genossenschaftliche Ordnung treten, die das bäuerliche Privateigentum gewährleisten sollte. Im März folgte ein Erlaß über die Bildung landeseigener Verwaltungen in Litauen, Lettland und Estland. Diese Ansätze zu einer echten konstruktiven Ostpolitik blieben jedoch in den Anfängen stecken, sie wurden schon allein durch die rücksichtslosen Anforderungen auf Lieferung agrarischer Erzeugnisse zunichte gemacht, welche die Reichskommissare einfach dazu zwangen, auf die Planwirtschaft zurückzugreifen. Nach Hitlers Plänen sollten die Ostgebiete nicht nur die Verpflegung des Ostheeres liefern, sondern auch die Ernährungsbasis der deutschen Bevölkerung bilden. Die nackte Machtpolitik triumphierte. Und dazu schlug die geplante Erneuerung der großen Offensive alles in den Bann.

Die Anfang Dezember losgebrochene sowjetische Winteroffensive tobte noch bis Ende Februar 1942. Bilder linke Seite: Durch die Schneefelder der Mittelfront bahnen sich Sturmgeschütze den Weg nach vorn, um zur Unterstützung der hart bedrängten Infanterie in den Kampf einzugreifen (oben); nächtlicher Feuerüberfall deutscher Artillerie auf sowjetische Stellungen (unten). Bild rechts: Der Winter hat seine eigenen Tarnungsgesetze. Die Männer an diesem verkleideten Pakgeschütz tragen „schneeweiße“ Mäntel und Helmüberzüge.

Mit dem Winter 1941/42 aber schien es, als ob auch das Glück die deutschen Truppen im Osten verlassen hatte. Am 17. Januar 1942 erlag der Generalfeldmarschall v. Reichenau im Hauptquartier der Heeresgruppe Süd in Poltawa einem Schlaganfall, eine der glänzendsten, aber auch umstrittensten Erscheinungen in der Generalität, ein Mann von ebenso großem Ehrgeiz wie großer Tatkraft. Am 8. Februar 1942 stürzte nach einem Besuch im Führerhauptquartier der Reichsminister für Bewaffnung und Munition und Generalinspekteur des Straßenwesens, der Wasser- und Energiewirtschaft, Generalmajor der Luftwaffe Dr. Fritz Todt, mit seinem Flugzeug ab.
Zum Nachfolger wurde der bisherige Berater Hitlers in städtebaulichen Fragen, der 36jährige Architekt Albert Speer, ernannt, der noch fest an Adolf Hitlers Stern und Genie glaubte und sich mit dem Mut der Jugend an die verzweifelte Aufgabe machte, den komplizierten Apparat der Rüstungswirtschaft mit seinen zahlreichen Instanzen zusammenzufassen, zu vereinheitlichen und straff zu gliedern.
Angesichts der ungeheuren Stärke der russischen Panzerwaffe und Panzerproduktion war für das Heer die Steigerung der Panzererzeugung entscheidend. Eine auf Guderians Anregung gebildete Kommission von Offizieren des Heereswaffenamtes, Konstrukteuren und Automobilindustriellen hatte bereits im November 1941 die Panzergruppe 2 in Rußland besucht, um die Auswertung der Kampferfahrungen an Ort und Stelle zu prüfen. Im Versuchsstadium befand sich bereits die Konstruktion eines schweren 60-Tonnen-Panzers mit einem 8,8-cm-Geschütz, des »Tigers«, und eines neuen mittleren Panzers, des »Panthers«, während Erwägungen, einen dritten leichten Typ, den »Leopard«, als Aufklärungspanzer zu bauen, bald wieder aufgegeben wurden. 1940 waren im Monat durchschnittlich etwa 125 Panzer erzeugt worden, Hitler befahl die Erhöhung der Monatsrate auf 600 Stück. Speers Stellvertreter, Hauptdienstleiter Saur, wurde als Bevollmächtigter für den Panzerbau eingesetzt, mit der Maßgabe, über alle anderen Programme hinweg entsprechende Maßnahmen zu treffen. Dies führte zu schweren Eingriffen in das Luftrüstungsprogramm, zur Beschlagnahme eines erheblichen Teiles der von der Luftwaffe mühsam aufgebauten Kurbelwellenfabrikation, zur Beschlagnahme von Fabriken, die voll mit Aufträgen der Luftwaffe ausgelastet waren, so daß allmählich ein heilloses Durcheinander entstand und die Belieferung der Luftwaffe mit Flugzeug- und Motorenteilen ins Stocken geriet, so daß diese wiederum ihr Programm nicht erfüllen konnte. Die Krise in der Panzererzeugung blieb so konstant, die Krise in der Luftrüstung verschärfte sich.
Und die Krise in der Führung schwelte weiter fort.
Hitler strebte nach einer Verjüngung der Generalität, in diesem Streben lebhaft unterstützt durch den Chefadjutanten der Wehrmacht, General Schmundt, dessen Einfluß in Personalfragen ständig wuchs. Das Ideal wurden fronterfahrene, gewandte, bedenkenlose und darum bedingungslos gläubige und bedingungslos gehorsame Generale, die dem »Führer« jenes felsenfeste Vertrauen entgegenbrachten, das dieser so merkwürdig unsichere Mann um so stärker zur Bestätigung seiner eigenen Sendung brauchte, je größer die Hindernisse wurden, die sich vor ihm auftürmten. Solche Idealgestalten, die mit Titeln und Auszeichnungen überhäuft wurden, glaubte er in Generaloberst Dietl, dem Befehlshaber der Lapplandarmee, und Rommel, dem Oberbefehlshaber der Panzerarmee Afrika, gefunden zu haben. An der Ostfront begann der Aufstieg des Generals Walter Model, der im Sommerfeldzug 1941 noch eine Panzerdivision geführt hatte, zum Oberbefehlshaber der 9. Armee und später zum Feldmarschall. Obwohl Generalstäbler, erwarb er sich durch seine Härte, seine Improvisationsgabe und durch seine Gewandtheit im Umgang mit dem einfachen Soldaten Hitlers Vertrauen. Der Chef des Generalstabes des Heeres, Generaloberst Halder, fiel dagegen immer mehr in Ungnade. Er wirkte auf Hitler wie ein grämlicher, pedantischer Schulmeister, der ihm zäh und beharrlich stets seine Fehler aufrechnete. Männer wie General Geyer, eine der größten Hoffnungen des Gene-

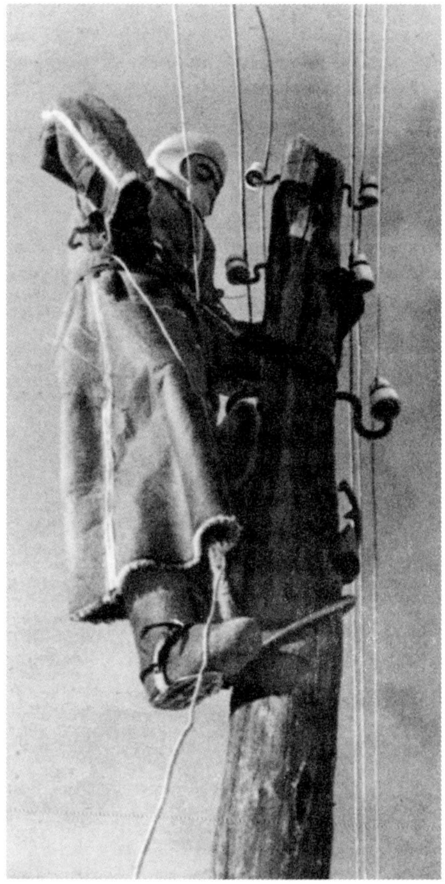

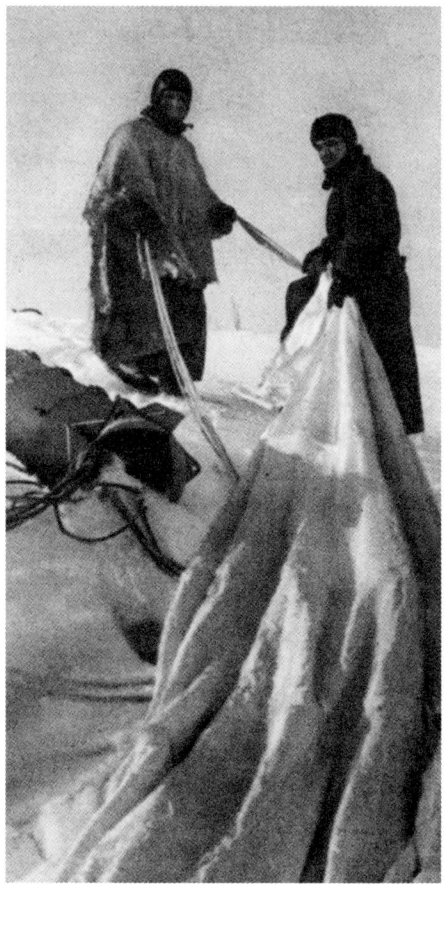

ralstabes, der das IX. Armeekorps vor Moskau befehligt hatte, wurden davongejagt.
Die Situation an der Ostfront verlangte im Frühjahr 1942 zunächst die Bereinigung der sowjetrussischen Einbruchsstellen und den Entsatz der deutschen Kessel, vor allem in Cholm und Demjansk. Tiefe Einbruchsstellen existierten vor allem am Wolchow südöstlich Leningrads, wo die 2. sowjetische Stoßarmee des Generals Wlassow und Teile der 52. und 59. Schützenarmee die deutsche Einschließungsfront vor Leningrad bedrohten, und an der Nahtstelle zwischen der 6. und 17. Armee bei Isjum südlich von Charkow. Auf der Krim ging die 11. Armee unter General v. Manstein an die Liquidierung des russischen Landekopfes bei Feodosia, die bereits im Januar abgeschlossen wurde. Heftige russische Angriffe auf die Parpatschstellung, den Sperriegel der Krim im Osten, verhinderten einstweilen die Beseitigung des zweiten Landekopfes auf der Halbinsel Kertsch. Bis zum April schlug die 11. Armee hier vier sowjetische Großangriffe zurück.
Feldmarschall v. Bock schlug die Zurückschlagung des russischen Einbruches bei Isjum vor. Während an der Front die Kämpfe ohne Ruhepause weitergingen, entbrannte im Hauptquartier der Kampf um die Weiterführung des Krieges an der Ostfront. Am 26. April 1942 erklärte Hitler in einer Reichstagsrede, in der er unumschränkte Vollmachten für sich auf allen Gebieten einschließlich der Justiz verlangte – und verkündete, niemand habe mehr Rechte, sondern nur noch Pflichten –: »Der Kampf im Osten wird seine Fortsetzung finden. Der bolschewistische Koloß wird von uns so lange geschlagen werden, bis er zertrümmert ist.« Dies war das Programm für 1942.

Eine ruhmreiche Episode im Winterkrieg 1941/42 war der verbissene Widerstand der unter dem Kommando des Generalmajors Scherer stehenden Besatzung des Kessels Cholm südlich des Ilmensees. Seit dem 21. Januar 1942 bis auf die Telegrafenverbindung (Bild linke Seite oben) von der Außenwelt abgeschnitten, hielten die Verteidiger bis zu ihrem Entsatz am 4. Mai durch. Bild oben: Offiziere seines Stabes schmücken Scherer mit dem ihm während des Abwehrkampfes verliehenen Ritterkreuz. Bild linke Seite unten: Eine „Verpflegungsbombe“ ist über dem Kessel abgeworfen worden.

Hitler wollte jetzt seinen Plan verwirklichen, die kaukasischen Ölfelder in deutschen Besitz zu bringen. Gleichzeitig sollte die Wolga als wichtige Nachschubwasserstraße blockiert werden. Auf diese Weise vermeinte er die Niederwerfung des russischen Widerstandes am ehesten zu erreichen, so daß man alsdann das europäisch-russische Wirtschaftspotential gegen die angelsächsischen Mächte in die Waagschale werfen konnte. Diese Konzeption barg zwei Fehler grundsätzlicher Natur. Sie stand in keinerlei Einklang mit den tatsächlichen Kräfteverhältnissen, und sie verlangte eine Operation von einer einzigen Basis in zwei auseinanderstrebenden Richtungen. Halder erhoffte sich von der Eroberung Moskaus neben der moralischen Schockwirkung stärkste Auswirkungen auf das russische Verkehrsnetz, das mit der Inbesitznahme Moskaus in zwei Hälften zerschnitten wurde. Moskau war der Mittelpunkt des zentralrussischen Eisenbahnnetzes. Mit dessen Blockierung konnte man die Heranführung von Reserven aus dem uralischen und sibirischen Raum genau so verhindern wie die Lieferung des alliierten Rüstungsmaterials aus Murmansk und Iran. Hitler sah dagegen in der Besitznahme des Don-Wolgagebietes, des Kuban- und Terekgebietes und des Kaukasus das entscheidende Mittel. Von diesem Bereich aus sollten dann Expeditionskorps nach dem Ural und nach Iran vorgetrieben werden. Dafür stellte 1942 der ehemalige Chef der Militärmission Irak, General der Flieger Felmy, der Militärbefehlshaber Südgriechenlands geworden war, bereits in Süd-Attika den Sonderstab F mit einer deutsch-arabischen Lehrabteilung zusammen. Bei dem Erscheinen deutscher Truppen in Transkaukasien hoffte Hitler auf den Anschluß der Türkei und die Erhebung der arabischen Welt. Italien, dem bereits 1919 einmal von den Alliierten die dornenvolle Aufgabe zugedacht gewesen war, die Schutzherrschaft über Georgien zu übernehmen, sollte sich mit einem Alpenjägerkorps an dieser Operation beteiligen. Rommels Vorgehen gegen Ägypten und den Suezkanal würde so gleichfalls seinen letzten Sinn finden.

Zum Sommer 1942 bezog Hitler mit den Chefs des Wehrmachtführungs- und des Generalstabes und der Operationsabteilung ein vorgeschobenes Hauptquartier in Winniza in der westlichen Ukraine. Das OKW blieb mit den meisten Abteilungen in Ostpreußen, das OKH mit den rückwärtigen Gliederungen in Zossen bei Berlin. Im Mai wurden die in Cholm und Demjansk eingekesselten deutschen Verbände entsetzt. Feldmarschall v. Kluge bot an, den Frontvorsprung von Wjasma–Rschew im Mittelabschnitt zu räumen, um auf diese Weise rund vierzehn Divisionen für die große Entscheidung im Süden freizustellen. Hitler lehnte dies ab: Was man erobert hatte, sollte behauptet werden. Auf der Krim ging General v. Manstein, durch die neuaufgestellte 22. Panzerdivision und die 28. Jägerdivision verstärkt, zum Angriff auf der Halbinsel Kertsch über. War diese gesichert, sollte der Sturm auf Sewastopol beginnen. Bei der Heeresgruppe Nord ging die 18. Armee, in deren Bereich auch spanische, niederländische und flämische Freiwilligenverbände kämpften, zur Bereinigung der russischen Einbruchsstellen am Wolchow über.

Unterdessen stieß am 12. Mai 1942 Marschall Timoschenko, der hünenhafte sowjetische Oberbefehlshaber der »Südwestfront« – der in seinem Äußeren mit seinem glattrasierten Schädel und den schmalen, schiefgestellten Augen so sehr einem Tatarenkhan vergangener Zeiten glich, obwohl er in Bessarabien als Arbeitersohn geboren war und seine Laufbahn als kaiserlich russischer Unteroffizier begonnen hatte –, mit sieben Panzer-, zehn mechanisierten und fünfundzwanzig Schützendivisionen halbkreisförmig von Osten und Süden auf Charkow vor. Timoschenko hoffte, den deutschen Aufmarsch zurückwerfen zu können. In Charkow selbst bereiteten russische Partisanen einen Arbeiteraufstand vor. Verbände des Generals Konjew drangen südlich Charkow über den Eisenbahnknotenpunkt Losowaja auf Poltawa, das Hauptquartier Feldmarschalls v. Bock, nunmehr Oberbefehlshaber der Heeresgruppe Süd, vor und erreichten Karlowka 40 Kilometer vor Poltawa. In Charkow leitete General Paulus, der die 6. Armee übernommen hatte, die Verteidigung. Feldmarschall v. Bock erwog bereits die Räumung der Stadt. Hitler griff persönlich ein, flog an die Front und bewog ihn zum Ausharren, bis der von Isjum her angesetzte Gegenstoß italienischer und rumänischer Verbände und des AOK 17 unter Generaloberst Ruoff zum Tragen kam. Die Krise ging vorüber, Charkow wie Poltawa blieben in deutscher Hand.

Auf der Krim nahm Manstein am 15. Mai Kertsch. Bis zum 22. Mai war die Halbinsel vom Feinde gesäubert. Das Ergebnis waren 170 000 Kriegsgefangene, 1133 vernichtete oder erbeutete Geschütze sowie 285 Panzer. Fünf deutsche und zwei rumänische Infanterie- und eine deutsche Panzerdivision hatten über siebzehn sowjetische Schützen- und zwei Kavalleriedivisionen, drei Schützen- und vier Panzerbrigaden den Sieg davongetragen. Wenig später, am 1. Juni 1942, begann der Generalangriff auf Sewastopol, die wichtigste Seefestung am Schwarzen Meer, die Königin der Krim. Einen Tag nach dem Abschluß der Operationen auf der Halbinsel Kertsch

Bereits im Herbst 1941 hatten Truppen des Generals von Manstein in der Durchbruchsschlacht bei Perekop die gleichnamige Landenge bezwungen und damit den Zugang zur Krim erschlossen. Im Spätherbst wurde die ganze Halbinsel mit Ausnahme der starken Festung Sewastopol besetzt und nach Kertsch vorgestoßen. Bilder rechte Seite: erbeutete russische 4,5-cm-Kanone in einer deutschen Batteriestellung bei Jewpatoria (oben); deutscher Fliegerangriff auf ein russisches Stabsquartier bei Perekop (unten). Bild oben: Deutsche Infanterie beim Einmarsch in Jalta, das später als Ort der letzten Dreierkonferenz zwischen Roosevelt, Churchill und Stalin historische Bedeutung erhielt.

brach Timoschenkos Offensive zusammen, als sich die Umfassung des russischen Südflügels durch die 17. Armee abzuzeichnen begann. Die 6. und 17. Armee, Kleists 1. Panzerarmee, das rumänische Armeekorps des Generals Dragalina, italienische, ungarische und slowakische Einheiten, die Luftflotte 4 und das Fliegerkorps des Generals Pflugbeil vernichteten den Großteil der 6., 9. und 57. sowjetischen Armee, etwa zwanzig Schützendivisionen und zahlreiche Panzerverbände. 240 000 Kriegsgefangene fielen in deutsche Hand, der Kommandeur der 6. sowjetischen Armee, General Gorodajanski, war gefallen, der Kommandeur der 57. Armee, General Podlas, erschoß sich. Die Gefangenenzahlen versinnbildlichten die Größe des Erfolges, doch konnte Timoschenko mit Recht für sich in Anspruch nehmen, den Beginn der deutschen Generaloffensive entscheidend verzögert zu haben.

Im Juni 1942 stürmten die Regimenter der 11. Armee die Panzerforts von Sewastopol auf den Höhen von Inkerman und Sapun unter großen Verlu-

sten. Schwerste Artillerie, darunter das 80-cm-Eisenbahngeschütz »Dora« und der 60-cm-Mörser vom Typ »Thor«, wurde zur Beschießung der Festung eingesetzt. Am Wolchow wurde die im Februar 1942 durchgebrochene 2. sowjetische Stoßarmee vernichtet, der Kommandeur, General Wlassow, geriet in deutsche Gefangenschaft. Westlich des Oskol-Flusses vollzog sich inzwischen die Bereitstellung zum großen Angriff. Der Heeresgruppe Süd unter Feldmarschall v. Bock standen dafür die 2., 6. und 17. deutsche Armee, die 1. und 4. Panzerarmee unter den Generalobersten v. Kleist und Hoth, rumänische, ungarische, slowakische, italienische Divisionen und kroatische Freiwilligenformationen zur Verfügung. Die 11. Armee sollte von der Krim nachgezogen werden, sobald Sewastopol gefallen war. Dies war am 1. Juli 1942 der Fall, Manstein wurde Generalfeldmarschall. Nun faßte Hitler den Entschluß, das AOK 11 an der Leningradfront einzusetzen. Das Unternehmen »Nordlicht« sollte die Inbesitznahme Leningrads ermöglichen, an der Lapplandfront sollte das Unternehmen »Lachsfang« die Durchschneidung der Murmanbahn bewirken. Doch beide Unternehmen gewannen keine Gestalt.

An dem Tag, an dem Sewastopol kapitulierte, meldete der Wehrmachtbericht den Beginn des großen Angriffes an der mittleren und südlichen Ostfront. Sehr bald wurde zunächst der Oberbefehlshaber ausgewechselt. Feldmarschall v. Bock, mit dessen Führung Hitler schon lange nicht einverstanden war, fiel endgültig in Ungnade und wurde für immer verabschiedet. Hitler griff persönlich in die Leitung der Operationen im Süden ein. Die vorhandenen Kräfte wurden in zwei Heeresgruppen aufgeteilt. Die Heeresgruppe B unter Generaloberst Maximilian Freiherr v. Weichs mit dem Hauptquartier in Starobelsk erhielt die 2. und 6. deutsche Armee sowie die 4. Panzerarmee, die 3. und 4. rumänische Armee, die 2. ungarische Armee und die neuformierte 8. italienische Armee, die beträchtliche Verstärkungen aus Italien erhalten hatte. Mit der 2. deutschen Armee und den verbündeten Einheiten sollte sie die Don-

Der Versuch der 11. deutschen Armee, die von See versorgte Festung Sewastopol im Sturm zu nehmen, blieb am 17. Dezember 1941 im schweren Abwehrfeuer der russischen Geschütze liegen. Manstein mußte zur Belagerung übergehen und weitere Kräfte heranziehen. Bild rechte Seite: Luftaufnahme von Stadt und Hafen Sewastopol. Bild oben: ein schwerer deutscher Mörser des Typs „Thor“. Das 615-mm-Geschütz hatte eine Schußweite von annähernd 7 Kilometern und diente zur Bekämpfung schwerer Befestigungswerke. Insgesamt wurden nur sieben Exemplare gebaut, die vor allem gegen Brest-Litowsk und Sewastopol eingesetzt wurden.

front decken, während die 6. Armee und die 4. Panzerarmee den großen Donbogen nehmen und dann punktförmig auf Stalingrad am Wolgaknie vorstoßen sollten – ein neuer folgenschwerer Fehler. Hitlers Weisung Nr. 45 vom 2. Juli 1942 befahl die Eroberung Stalingrads, die Sperrung der Landbrücke zwischen Don und Wolga und das Vortreiben schneller Truppen wolgaabwärts auf Astrachan, um die Mündung der Wolga in das Kaspische Meer zu blockieren. Die zweite Heeresgruppe, A, deren Oberbefehl auf Betreiben Halders entgegen Hitlers Intentionen Feldmarschall Wilhelm List erhielt, sollte sich aus der 17. Armee und der 1. Panzerarmee sowie rumänischen und slowakischen Gebirgs-, Kavallerie- und Schnellen Divisionen zusammensetzen. Ihr Auftrag ging dahin, über Rostow ins Kubangebiet und anschließend in den Kaukasus vorzustoßen. Damit trat ein, was Halder hatte vermeiden wollen: Die Operationen wurden nicht mehr gestaffelt, sondern gleichzeitig eingeleitet, in verschiedenen Richtungen auseinanderstrebend und mit weithin ungesicherter Nordflanke. In Moskau soll damals Marschall Schaposchnikow, Stalins Stabschef, erklärt haben, hoffentlich greife Hitler in Richtung Stalingrad an, dann würde er den Krieg noch schneller verlieren, als man dies vorausberechnet habe.

Die 6. Armee und die 4. Panzerarmee nahmen das Donezindustrierevier und marschierten gegen den großen Donbogen. Der Gegner räumte kampflos Woroschilowgrad, das Zentrum des Donezreviers. Die fehlenden Gefangenen- und Beuteziffern fielen auch Hitler auf. Halder schloß daraus, daß der Feind planmäßig in die Tiefe des Raumes auswich.

In der Schlacht bei Kalatsch im großen Donbogen vernichtete die 6. Armee Teile einer sowjetischen Panzerarmee und der 62. Schützenarmee, die auf Stalingrad auswich. Die Heeresgruppe A setzte zum Angriff an und nahm Rostow wieder. Manytsch- und Sal-Fluß wurden überschritten. Der Vormarsch der Heeresgruppe A ging in der Kuban- und Kalmückensteppe weiter nach Süden auf den Kubanfluß zu. Auf einer Breite von 400 Kilometern wurden die nördlichen Ausläufer des Kaukasus erreicht, am 8. August wurde das erste kleinere Ölfeld bei Maikop besetzt.

Noch stand die Schlacht im großen Donbogen. Bei Rschew entwickelte sich eine heftige russische Entlastungsoffensive. Deutsche Verbände, unter denen sich vor allem das VII. Panzerkorps des Generals der Panzertruppen Friedrich Kirchner besonders auszeichnete, nahmen Krasnodar, die Hauptstadt des Kubangebietes. Die Kämpfe waren außergewöhnlich schwer, der Gegner verteidigte sich zäh in stark ausgebauten Stellungen, die glühende Hitze des Steppensommers stellte an die Truppen die härtesten Anforderungen. Aber der Vormarsch ging weiter, obwohl niemand mehr ein Ende abzusehen vermochte. Die deutschen Eroberungen näherten sich dem Höhepunkt. Rund 48 Millionen der Bevölkerung Rußlands befanden sich unter deutscher Kontrolle, die Hälfte der Kohlen-, Eisen- und Manganerzvorräte war in deutscher Hand. Am 12. August meldete die 6. Armee das Ergebnis der Schlacht im Donbogen: 57 000 Gefangene und etwa 1000 vernichtete russische Panzer.

In Sonnenglut und Staub, in dörrender Hitze wurde der Angriff auf die Wolga vorgetragen. Deutsche gepanzerte Aufklärungskräfte stießen weit ausholend gen Südosten in der Kalmückensteppe auf den Unterlauf der Wolga vor. Die Kalmücken und die kaukasischen Bergvölker, alte Feinde der Russen wie des Bolschewismus, begrüßten die deutschen Truppen als Befreier. Karatschaier, Tschetschenen, Tscherkessen stellten freiwillige Reiterverbände auf. General Felmys »Sonderstab F«, verstärkt durch zwei motorisierte Schützenbataillone, eine Panzerspähwagenkompanie, Panzerjäger, leichte und schwere Flak, eine Werfer- und eine Sturmgeschützbatterie und Verbindungsflugzeuge, wurde nach Budenowsk an der Kuma in der Kalmückensteppe verlegt. Die Aufstellung ähnlicher Sondergruppen, die den Stoß nach Iran und Nordmesopotamien durchführen sollten, wurde vorbereitet. Einsatztrupps für die Übernahme der Ölfelder wurden gebildet. Am 25. August hißten Gebirgsjäger auf dem Elbrus, dem höchsten Gipfel des Kaukasus, die Hakenkreuzfahne.

Am 19. August 1942 gab General Paulus seinen Truppen zwischen Don und Wolga den Befehl zum Angriff auf Stalingrad. Von Nordwesten sollte die 6. Armee auf die Stadt vorgehen, von Südwesten sollten die Panzer der 4. Panzerarmee über den Rossoschkabach das große Ziel angreifen. Am selben Tage unternahmen die Alliierten mit englisch-kanadischen Infanterie- und Panzerverbänden und amerikanischen Rangereinheiten den ersten großangelegten Landungsversuch bei Dieppe in Nordfrankreich, um die Bedingungen für solche Großlandungen zu erproben. Das Unternehmen wurde mit schweren Verlusten für den Angreifer abgewiesen. Aber die Kunde von Dieppe traf inmitten neuer, heißer Debatten um die Weiterführung der Operationen im Führerhauptquartier ein. Churchill weilte in der zweiten Augusthälfte in Moskau, um Stalins Groll über die ausbleibende Entlastungsoffensive im Westen zu beschwichtigen und sein Mißtrauen zu zerstreuen. Hitler ließ sich jedoch jetzt durch all diese Nachrichten dazu verleiten, Panzerdivisionen von der Ostfront abzuziehen und nach dem Westen zu transportieren. Gleichzeitig wurden, da die Bewegungen der 6. Armee planmäßig zu verlaufen schienen, der 4. Panzerarmee Kräfte genommen und Kleist am Terek zugeführt. Eine neue Nachschubkrise zog herauf. Schließlich ergab sich das groteske Bild, daß aufgrund der Verhältnisse der Transportwege Kamelkarawanen den deutschen Panzern Treibstoff nachführen mußten. Und zur gleichen Stunde stritten Hitler und Halder über die starre Verteidigung im Mittelabschnitt, wo die Behauptung des Frontbogens bei Rschew sinnlose Opfer kostete, nur weil Hitler sich weigerte, einen Fußbreit gewonnenen Bodens preiszugeben.

Am 1. September 1942 brachen die Regimenter der 6. Armee in den Stellungsring um Stalingrad ein, das von der 62. und 64. sowjetischen Armee mit wilder Erbitterung verteidigt wurde. In einem Aufruf zum Kriegswinterhilfswerk 1942/43 prophezeite Hitler den »Sieg der Habenichtse« über die besitzenden Völker. Die Hybris triumphierte. Allein die Offensive Lists fuhr sich in den Gebirgspässen auf dem Kamm des Kaukasus vor dem Schwarzmeer-

Nach erbittertem Widerstand während 250 Tagen Belagerung mußte die Besatzung der Festung Sewastopol unter General Petrow am 30. Juni 1942 kapitulieren; rund 100.000 Sowjetsoldaten gingen in deutsche Kriegsgefangenschaft. Bild oben: deutsche Infanterie vor einem zerschossenen Befestigungswerk. Während der Kämpfe auf der Krim war der deutsche Vormarsch Richtung Don zügig weitergegangen. Bild rechte Seite: Vormarsch einer deutschen Panzereinheit durch die Steppengebiete Südrußlands.

hafen Tuapse fest. Die Gebirgsjägerregimenter der 17. Armee bluteten aus. Feldmarschall List verlangte die Einstellung des Angriffes. Hitler tobte. General Jodl wurde – ein sehr seltener Fall, da Hitler Besichtigungs- oder Erkundungsreisen des Chefs des Wehrmachtführungsstabes durchaus nicht schätzte – in den Kaukasus entsandt und konnte nicht umhin, List recht zu geben. Hitler erklärte, er habe ihn nicht zu solchem Zweck auf Reisen geschickt. Neue Ausbrüche gegen den Generalstab waren die Folge.

Von der Halbinsel Kertsch aus gelang im Süden bei der Heeresgruppe A die Besetzung der Taman-Halbinsel und die Eroberung des Hafens von Noworossisk am Schwarzen Meer, so daß auch über See behelfsmäßig die Zuführung von Nachschub möglich wurde. Aber die Offensive hatte sich hier im großen ganzen bereits totgelaufen. Am 9. September 1942 wurde Feldmarschall List abgesetzt. Hitler erklärte ihn für unfähig und ernannte Generaloberst v. Kleist zum Nachfolger. Dieser konnte indes auch nichts mehr ändern. Wechselvolle Kämpfe vor Tuapse und am Terek folgten, die die Kräfte der 17. Armee und der 1. Panzerarmee verzehrten. In Stalingrad tobten gleichzeitig schwere Straßen- und Häuserkämpfe, die großen Industriewerke, diese modernen Tempel der Arbeitsreligion des Bolschewismus, wurden zu Festungen. Mit allen Mitteln versuchten die russischen Truppen, einen Brückenkopf in der sich am Wolgaufer breit hinziehenden Stadt auf dem rechten Ufer des russischen Schicksalsstromes zu behaupten.

Generaloberst Halder versuchte indes im Führerhauptquartier die Erfüllung seiner Pflicht. Immer wieder suchte er Hitler ein richtiges Bild von dem erkennbar werdenden großen russischen Aufmarsch im Raum zwischen Moskau und der oberen Wolga zu geben und auf die überdehnte Nordflanke hinzuweisen. Noch hielten die Italiener hier mit äußersten Anstrengungen in der »Ersten Verteidigungsschlacht am Don« die Front, allein die Kräfteverhältnisse waren äußerst ungünstig. Für die 8. italienische Armee standen als Eingreifkräfte je eine deutsche Infanterie- und Panzerdivision und eine italienische schnelle Division mit völlig untauglichen leichten Panzerwagen zur Verfügung.

Am 24. September 1942 geschah, was längst unausbleiblich geworden war: Halder wurde nach einem heftigen Zornesausbruch Hitlers seines Postens enthoben. Zum Nachfolger wurde General der Infanterie Kurt Zeitzler ernannt, damals Chef des Stabes des Oberbefehlshabers West. Damit wurde die Kriegführung dem Generalstab entzogen. Unter unmittelbarer Kontrolle Hitlers wurde der Generalstab auf die Bearbeitung des Ost-Kriegsschauplatzes be-

schränkt, sämtliche anderen Kriegsschauplätze gingen endgültig in die Zuständigkeit des Wehrmachtführungsstabes über. Dies geschah in der Stunde, in der sich zeigte, daß die klassische Kombination der deutschen »Blitzkriege«, die Zusammenarbeit zwischen großen Panzerverbänden und der Luftwaffe – mit anderen Worten die Ausnutzung der Vorteile des Verbrennungsmotors für die einst von Schlieffen geprägte Vernichtungsstrategie – in den Riesenräumen des Ostens ihre bislang so unheimliche Kraft und Präzision eingebüßt hatte.

General Zeitzler war ein Praktiker, dem seine Ernennung zum Chef des Generalstabs wohl selbst höchst überraschend kam. Er hatte sich als Stabschef der Panzergruppe Kleist im Westen bei der Organisation des Nachschubs bewährt. In seiner Begrüßungsansprache in »Mauerwald«, dem ostpreußischen Generalstabslager, forderte er bei der Übernahme der Geschäfte einen neuen Typus des Generalstäblers, den treuen, frontkundigen Berater der Führung, der auch in schwieriger Lage ehrlich und wahrheitsgetreu berichte und den festen Glauben an den »Führer« besitze. Wer diesen nicht habe, den könne er nicht brauchen. Als ehrlicher Mann meinte er, ein ehrliches Wort zur rechten Stunde könne seine Wirkung nicht verfehlen. Er war keine Gelehrtennatur wie Halder, dem schon das Äußere, der Kneifer, den er trug, ein professorales Aussehen verlieh. Er war klein, gedrungen und kampflustig. Goebbels gab ihm in seinem Tagebuch zunächst gute Zensuren; er verfügte anfangs über ein gewisses Ansehen bei Hitler.

Aber die Entmachtung der einst so hochberühmten Institution schritt weiter fort. Die Zentralabteilung, welche die Personalfragen geregelt hatte, wurde zusammen mit dem Heeres-Personalamt Hitlers Chefadjutanten, Generalleutnant Schmundt, unterstellt. Damit sicherte sich Hitler entscheidenden Einfluß auf alle Personalangelegenheiten. Die Aufteilung der Kriegsschauplätze in Generalstabs- und Wehrmachtführungsbereiche machte die Anarchie in der Kriegsspitzengliederung vollkommen.

Am wenigsten begriff der Oberste Kriegsherr den düsteren Ernst der Stunde. Er stand an der Wolga und im Kaukasus, der Vormarsch würde weitergehen. Er hatte recht behalten, wie stets. Noch vor der Rede Görings hatte er im Sportpalast am 30. September 1942 zur Eröffnung des Kriegswinterhilfswerkes 1942/43 erklärt, Churchill könne von Glück sagen, wenn er bei dem nächsten Invasionsversuch auch nur neun Stunden wie in Dieppe an Land bliebe. Als Ziele der Ostoffensive bezeichnete er die Inbesitznahme der letzten großen Weizengebiete, des letzten Restes der Kohlevorräte, der Ölquellen und die Sperrung der Wolga. Man stünde nunmehr in Stalingrad. »Und Sie können der Überzeugung sein, daß uns kein Mensch von dieser Stelle mehr wegbringen wird...«

Seit Reichenaus Tagen umgab die 6. deutsche Armee, die nun seit dem August 1942 mit ihren vier Armeekorps um Stalingrad, den starken sowjetrussischen Sperriegel an der Wolga, rang, so etwas wie ein Nimbus der Unbesiegbarkeit. Aber Reichenau war tot. Der Mann, der die 6. Armee in den glühendheißen Augusttagen durch die sonnenverbrannte, staubüberwehte Steppe zwischen Don und Wolga, die nur bisweilen von den Balkas, tief eingeschnittenen Regenschluchten, durchbrochen wurde, bis vor Stalingrad geführt hatte, Generaloberst Friedrich Paulus, war sein Chef des Stabes gewesen und war ein vorzüglicher, gründlich geschulter, menschlich empfindender und gewissenhafter Generalstabsoffizier, als Stabschef eine vortreffliche Ergänzung für einen ungestümen und eigenwilligen Armeeführer wie Reichenau. Aber er besaß nicht jene Souveränität, die Reichenau so bewußt kultiviert hatte, so

Zwischen den beiden Barrieren des Dnjepr (Bild rechts: deutsche Sturmboote beim Übergang über den breiten Strom) und der Wolga lag die Schranke, die der Don und sein rechter Nebenfluß, der Donez, bildeten. In den Julikämpfen des Jahres 1942 überschritt die Panzerarmee Hoth den unteren Donez mit Stoßrichtung Stalingrad. Bild linke Seite: eine der schnell über den Donez geschlagenen Floßsackbrücken, über die die 6. deutsche Armee unter General Paulus den vorausgeeilten Panzern folgte.

daß sie manchmal wie Arroganz oder Effekthascherei erschienen war. Seine Tragik war eine übergroße Gewissenhaftigkeit, die ihn immer wieder in schwere Entscheidungskrisen stürzte.
Am 22. August 1942 hatten Panzer der 16. Panzerdivision als erste deutsche Einheit die Wolga erreicht, den heiligen Strom Rußlands. Die Nachschubschwierigkeiten waren schon damals so groß gewesen, daß es nur dem Eingreifen von Generaloberst Manfred Frhr. v. Richthofen, des Oberbefehlshabers der in Südrußland eingesetzten Luftflotte 4, zu verdanken gewesen war, daß der Vorstoß zur Wolga möglich wurde. Da es dem Heer an Kolonnenraum fehlte, setzte Richthofen nicht nur seine neun Lufttransportgruppen und eine Segelschleppgruppe, sondern auch provisorisch aus der Bodenorganisation zusammengestellte Kraftfahrkolonnen für den Nachschubverkehr ein. Seit Ende August ging Woche um Woche das Ringen um das einstige Zarizyn weiter, das im 18. und 19. Jahrhundert der Ausgangspunkt einer Linie von Grenzforts gegen die räuberischen Kirgisenstämme der Wolgasteppe gewesen war. Hier hatte 1919 Stalin als Sonderbeauftragter der Volkskommissare mit Hilfe des später füsilierten roten Marschalls Michail Nikolajewitsch Tuchatschewski den Ansturm der weißen Armee des Generals Anton Iwanowitsch Denikin aufgehalten. Seitdem hieß die Stadt, die inzwischen aus einer verschlafenen altrussischen Kreisstadt des Gouvernements Saratow zu einem riesigen Indu-

Bild oben: motorisierte Schützendivision im Vorgebirge des Kaukasus, der geographisch schon zu Asien gehört.

Mit der Eroberung Rostows am Don (Bild rechts: Rostow im Zielfeuer deutscher Panzer) war der Vormarsch in den Kaukasus frei.

striezentrum geworden war, das sich mit seinen Fabriken, Arbeitervierteln, Parteigebäuden und Volksparks viele Kilometer längs der Wolga hinzog, nach dem ossetischen Schuhmachersohn Josef Wissarionowitsch Dschugaschwili, genannt Stalin, der der mächtigste Mann des Ostens geworden war. Fiel die Stadt Stalins, bedeutete dies eine erhebliche moralische Einbuße, eine Einbuße, die freilich nichts wog gegenüber der Eroberung Moskaus durch deutsche Truppen. Allein, Stalin war entschlossen, die Sperrung der Wolga mit allen Mitteln zu verhindern, und die prekäre strategische Lage, in die sich die deutsche Armee begeben hatte, machte ihm diesen Entschluß leicht und ließ ihn höchst aussichtsreich erscheinen. So schlugen sich die aus dem grossen Donbogen auf die Stadt ausgewichene 62. und 64. sowjetrussische Schützenarmee unter den Generalen Wassili Iwanowitsch Tschuikow und Rodimzew mit äußerster Hartnäckigkeit, zumal es nicht gelang, sie vom

rechten Wolgaufer zu verdrängen oder den Nachschub über die Wolga zu unterbinden.
Haus um Haus, Straßenzug um Straßenzug wurde erbittert verteidigt. Die grossen Industriewerke, die Idole der bolschewistischen Maschinenreligion, das Traktorenwerk »Dserschinski«, die Maschinen- und Geschützfabrik »Rote Barrikade«, das Hüttenwerk »Roter Oktober« mußten einzeln in oft wochenlangem Kampf gestürmt werden. Pionierbataillone und Flammenwerferpanzerabteilungen wurden zusätzlich in der Stadt eingesetzt, Sturmgeschütze und Flak im Erdkampf mußten die einzelnen Stadtviertel freikämpfen. Über der Stadt und über dem trägen, breiten Band der Wolga hingen unausgesetzt die Sturzkampf-, Schlacht- und Jagdflieger des berühmten VIII. Fliegerkorps unter Generalmajor Fiebig, das schon die 6. Armee beim Vormarsch im großen Donbogen begleitet hatte. Die Stadt verwandelte sich in ein Inferno von Rauch, Staub, Trümmern und Bränden, durchtost vom Donner der Geschütze, vom Dröhnen der an- und abfliegenden Fliegerverbände, vom Heulen der Werfer und ihrer russischen Gegenstücke, der Stalinorgeln, der »Katjuschas«, wie der sowjetische Infanterist sie nannte. Sie wurde allmählich zum Verdun des Ostfeldzuges.
Am 8. November 1942 sprach Hitler wie alljährlich zur Feier des Münchener Putsches von 1923 im Löwenbräukeller in der bayerischen Hauptstadt. »Ich wollte zur Wolga kommen«, so verkündete er in seiner barschen, abgehackten Sprechweise, »und zwar an einer ganz bestimmten Stelle, an einer bestimmten Stadt!« Dort schneide man nämlich 30 Millionen Tonnen des russischen Nachschubverkehrs ab. »Dort war ein gigantischer Umschlagplatz. Den wollte ich nehmen und – wissen Sie – wir sind bescheiden: Wir haben ihn nämlich!« Eben dies war die verhängnisvollste Schwäche des ganzen Unternehmens, daß man einen langen spitzen Keil mit ausgedehnten, ungesicherten oder schwach gesicherten Flanken vorgetrieben hatte, um die Wolga inmitten des riesigen Raumes an einem einzigen Punkt zu sperren. Jetzt stand man in Stalingrad. Man hatte es, wie Hitler verkündet hatte, und man »hatte« es doch nicht, weil es nicht gelang, den im Häusergewirr aushaltenden sowjetrussi-

Bild oben: Gebirgsartillerie auf dem Marsch vom Kluchorpaß zum Klischtal im Hohen Kaukasus. Tragtiere schleppen die zerlegten Geschütze und die Munitionskisten.

Bild rechte Seite: Auf der Höhe des Kluchorpasses haben Gebirgspioniere ein kleines technisches Wunder vollbracht - sie erbauten eine Drahtseilbahn, die nicht nur den Nachschub von Munition und Verpflegung erleichtert, sondern auch gute Dienste beim Abtransport Verwundeter zu Tal leistet.

schen Brückenkopf auf dem rechten Wolgaufer einzudrücken und den Nachschubverkehr über die Wolga zu stoppen.
Im Norden stand in langer, dünner Linie die Heeresgruppe B unter Generaloberst v. Weichs, gestaffelt von links nach rechts mit der 2. deutschen, der 2. ungarischen, der 8. italienischen und der 3. rumänischen Armee. Ihr gegenüber befanden sich die russischen Armeegruppen »Woronesch-Front« unter General Golikow und »Südwest-Front« unter General Watutin. Bei Serotinskaja und Serafimowitsch besaßen die Russen starke Brückenköpfe auf dem rechten Ufer des Don. Südlich Stalingrad sicherte in dünnem Schleier bis in die Kalmückensteppe hinein die 4. rumänische Armee, unterstützt durch die 4. Panzerarmee, soweit diese nicht bei Stalingrad stand, die Front. Die rumänischen Einheiten litten vor allem unter einem starken Mangel an panzerbrechenden Waffen. Im Nordwest- und am Rand des Nord-Kaukasus rang noch immer die Heeresgruppe A unter Generaloberst v. Kleist mit der 17. Armee südlich des Kuban und der 1. Panzerarmee am Terek um die Fortführung der Offensive. Noch gab es einzelne Erfolge. Aber der russische Gegendruck verstärkte sich von Tag zu Tag. Zudem setzte schon im Oktober im waldigen Westkaukasus ein Wettersturz ein, in hohen Lagen fiel Schnee, in mittleren und niederen Lagen machten schwere Gewitterstürme und Regenfälle weitere Operationen unmöglich.
Im Oktober 1942 vollzog sich nördlich des Don und östlich des Wolgaknies, von deutschen Horchstellen und Luftaufklärern klar erkannt, von der im Erdkampf taktisch gebundenen Luftwaffe jedoch kaum behindert, der russische Aufmarsch zur Gegenoffensive. Östlich Stalingrad wurden die »Donfront« unter General Konstantin Konstantinowitsch Rokossowski und die »Stalingradfront« unter General Jeremenko mit etwa acht Schützen-, einer Panzer- und einer mechanisierten Armee konzentriert. Marschall Alexander Michailowitsch Wassilewski übernahm die Koordination der Operationen. Seit Mitte September gingen die Russen links der Wolga zur Massierung gewaltiger Artilleriemengen über, teilweise wurden 110 Rohre auf einem Kilometer vereinigt. Die schwere Artillerie, Mörser und Langrohrgeschütze, die Panzerabwehrartillerie und die »Stalinorgeln« wurden zu Divisionen zusammengefaßt, eine schwere Artilleriedivision zählte rund 250 Rohre, eine Panzerabwehrartilleriedivision fünf Panzerjägerregimenter. Diese taktische Neuerung sollte noch große Bedeutung für die Brechung der Angriffskraft der deutschen Panzerwaffe erlangen.
Halder war gestürzt worden, weil er Hitler auf die Sammlung der russischen Reserven aufmerksam gemacht hatte. Sein Nachfolger, General Zeitzler, konnte nichts anderes melden und tat dies auch als ehrlicher Mann. Hitler beruhigte ihn, man dürfe nicht die Nerven verlieren, man habe im Osten schon schwierigere Situationen gemeistert. In Stalingrad nahmen die Straßenkämpfe ihren Fortgang. In Ägypten wurde Rommel geschlagen, in Marokko landeten die Engländer und Amerikaner. Der Wehrmachtbericht meldete »planmäßige Ausweichbewegungen« in Nordafrika und sprach bezüglich Stalingrads davon, »die Stadt würde von Versprengten gesäubert«. Hitler hatte in seinen Reden betont, wo ein deutscher Soldat stünde, käme kein anderer hin.
Während eisiger Oststurm den Schnee in dichten Wolken über die Steppe zwischen Wolga und Don trieb, traten bei der »Donfront« drei Panzer- und drei Kavalleriekorps und bei der »Stalingradfront« südlich der heißumkämpften Stadt zwei motomechanische und ein Kavalleriekorps zum Angriff an.
Am 19. November 1942 rollten gegen fünf Uhr morgens, noch in der Dunkelheit, Hunderte von russischen Panzern, besetzt mit aufgesessener Infanterie in dunkelbraungrauen Uniformen, im Raum von Kletskaja auf die Linien der 3. rumänischen Armee zu. Die rumänische Infanterie wurde aufgerieben, ein Rest in die winterliche Steppe gejagt. Die Nahtstelle zwischen der 3. rumänischen und der 6. deutschen Armee zerriß, die Rumänen wichen in regelloser Flucht auf den oberen Tschir aus, wo Staffeln des VIII. Fliegerkorps versuchten, der russischen Panzermasse Einhalt zu gebieten.
Als Eingreifreserve stand in diesem Raum das gemischte deutsch-rumäni-

sche XXXXVIII. Panzerkorps unter General Ferdinand Heim zur Verfügung, bestehend aus einer nur unzulänglich mit französischen und russischen Beutepanzern ausgerüsteten rumänischen und der 22. deutschen Panzerdivision. Die Panzer der 22. Division hatten lange wegen Treibstoffmangels mit Stroh eingedeckt in behelfsmäßigen Unterkünften, Scheunen und Speichern gestanden. Mäusefraß hatte bei vielen Panzern die Gummi-Isolationen der elektrischen Leitungen beschädigt, nur vierunddreißig Panzer waren sofort verwendungsfähig. Reservestellungen, Verpflegungslager, die Flugplätze am Donknie wurden von den Russen überrannt. Die russischen Panzer rollten auf Kalatsch zu.

Hitler tobte über das angebliche Versagen des Generals Heim, erklärte, er wolle nicht Zustände wie bei der Marneschlacht im Heer einreißen lassen, und ordnete an, Heim aus dem Heer auszustoßen und zu erschießen, eine Absicht, die ihm erst später mühsam wieder ausgeredet werden konnte. Noch gelang es, die Donbrücke bei Nischni-Tschirskaja, wo General Paulus sein Hauptquartier hatte, durch eine hastig zusammengeraffte Kampfgruppe unter einem Hauptmann zu halten. Eine in den Kampf geworfene, frisch eingetroffene Luftwaffenfelddivision wurde rasch zerschlagen. Am 21. November fiel in der allgemeinen Verwirrung die Donbrücke bei Kalatsch in russische Hand. Am Südausgang von Kalatsch, an der östlich des Don nach Nischni-Tschirskaja führenden Straße, vereinigten sich russische Panzer der Gruppe »Don-Front« mit denen der »Stalingrad-Front«, die bei Beketowka die Linien der 4. rumänischen Armee durchbrochen hatten.

Ein riesiger Kessel zeichnete sich ab, in dem das IV., VIII., XI. und LI. Armeekorps, das XIV. und Teile des XXXXVIII. Panzerkorps eingeschlossen waren, insgesamt vierzehn Infanterie-, drei Panzer-, drei motorisierte oder, wie sie neuerdings hießen, Panzergrenadierdivisionen, Teile der 1. rumänischen Kavalleriedivision, eine rumänische Infanteriedivision, das 100. kroatische Infanterieregiment, sieben volle und Teile sieben anderer Artillerieregimenter, zwei Sturmgeschützabteilungen, zwei Werferregimenter, die 9. Flakdivision, neun Pionierbataillone, ein Armeenachrichtenregiment und die üblichen Armee- und Korpstruppen, Baueinheiten, Feldgendarmerie, Geheime Feldpolizei, Sanitätsdienste und Kraftfahrkolonnen. Am Abend des 22. November 1942 meldete General Paulus, seine Armee sei eingeschlossen. Die Treibstofflage war schlecht, die Winterbekleidung für die 6. Armee lag teilweise noch in neunzehn Eisenbahnzügen in Lemberg, teilweise war sie erst bis Kiew und Charkow antransportiert. Die Munitionslage war nur um weniges besser.

In dieser Lage wollten Paulus wie sein sehr energischer, kühl und kalt rechnender Stabschef, Generalmajor Arthur Schmidt, sich zunächst im Raum von Stalingrad einigeln. Ließen sich die rückwärtigen Verbindungen nicht wiederherstellen, dachte Generalmajor Schmidt daran, die Armee aus der Luft versorgen zu lassen. Warnungen des Generals Fiebig vom VIII. Fliegerkorps, man können nicht eine ganze Armee aus der Luft versorgen, die Transportflugzeuge seien bereits in Afrika und an anderen Fronten in Anspruch genommen, verhallten ungehört. Generalmajor Pickert, der Kommandeur der 9. Flakdivision, der gleichfalls für den Ausbruch plädierte und vor der Idee der Luftversorgung warnte, bekam zu hören, »es müsse eben gehen«! Immerhin suchte sich General Paulus Handlungsfreiheit für den Fall zu sichern, daß die Igelbildung nicht gelang. Hitler befahl ihm jedoch, sein Hauptquartier von Nischni-Tschirskaja nach Stalingrad zu verlegen und weitere Befehle abzuwarten. Noch in der Nacht vom 22./23. November ordnete das OKH an, die zwischen Don und Wolga befindlichen Teile des AOK 6 sollten die Bezeichnung »Festung Stalingrad« führen.

Die russische Absicht ging offensichtlich dahin, nach der Einkesselung der 6. Armee in Stalingrad gegen die 4. Panzerarmee und weiter in den Rücken der Heeresgruppe A vorzustoßen, um beide abzuschneiden und zu vernichten. Beiderseits des Don rollten die Brigaden der T 34 gen Südwesten. In Stalingrad sprachen sich alle Kommandierenden Generale, auch General Kube, der so eisenharte Kommandeur des XIV. Panzerkorps, für den Durchbruch nach Westen aus. Aus den etwa 230 gefechtsfähigen Panzerfahrzeugen und den Schützenpanzerwagen der Panzergrenadierdivisionen sollte ein Durchbruchskeil formiert werden, dem die Masse der Infanterie folgen sollte. Schon wurde es fraglich, ob der vorhandene Betriebsstoff angesichts der ständig nach Westen weichenden deutschen Front für einen großräumigen Durchbruch noch ausreichte. Die Heeresgruppe B in Starobelsk befürwortete den Ausbruch. Mit ihrer Zustimmung verlangte Paulus am 23. November Handlungsfreiheit.

Im Führerhauptquartier kam es zu schweren Auseinandersetzungen. Zeitzler nannte die Idee, in Stalingrad stehenzubleiben, ein »Verbrechen«. In der Nacht des 23. November glaubte Zeitzler Hitler endlich soweit zu haben, daß er dem Ausbruch zustimmen würde. Er setzte den Chef des Stabes der Heeresgruppe B davon in Kenntnis, daß am Morgen des 24. November 1942 ein

„Wenn ich das Öl von Maikop und Grosnij nicht habe, muß ich diesen Krieg beenden!“ So hatte Hitler seine Weisung begründet, nur mit halber Kraft zur Wolga und mit der anderen Hälfte zum Kaukasus vorzustoßen. Bild oben: Jäger mit dem Gebirgsgeschütz 36 im Hohen Kaukasus. Bild links: Der schlechte Zustand der Gebirgsstraßen wurde zahlreichen Fahrzeugen zum Verhängnis. Hier ist es ein russischer Lkw, der von der Straße in die enge, von einem Gebirgsbach durchströmte Schlucht hinabgestürzt ist.

entsprechender Befehl übermittelt werden würde. Die Heeresgruppe gab die Nachricht an Generalmajor Schmidt, Paulus' Stabschef, weiter.

Am 24. November 1942 wartete man in Starobelsk wie in Stalingrad auf den entscheidenden Befehl. Nichts geschah. Bei der Lagebesprechung an diesem Tag hatte sich Zeitzler einer völlig veränderten Lage gegenüber gefunden. Keitel, Göring und Schmundt sekundierten Hitler. Dieser erklärte, Stalingrad müsse gehalten werden, er war gewillt, sich nun durch nackte Gewalt auf dem Gipfel seiner Erfolge zu behaupten. Zeitzler gab zu bedenken, dann müsse die Luftwaffe die Versorgung von Stalingrad übernehmen, dazu gehöre eine Mindestleistung von 300 Tonnen Nachschub pro Tag. Göring sah die Stunde gekommen, das Prestige seiner Waffe, das durch sein Verschulden bereits arg gelitten hatte, wiederherzustellen, und erklärte, obwohl sein Generalstabschef, Generaloberst Hans Jeschonnek, die Luftversorgung einer ganzen Armee für unmöglich hielt, die Luftwaffe werde das leisten. Zur gleichen Zeit waren zahlreiche Transportgruppen der Luftwaffe, darunter die modernsten sechsmotorigen Messerschmitt Me 323 »Gigant«, für die Luftversorgung des Brückenkopfes Tunis eingesetzt. Göring gab gleichwohl sein Wort. Zeitzler wies darauf hin, ein Entsatzunternehmen für Stalingrad brauche

drei bis vier Wochen Zeit. Hitler mahnte ihn, nicht die Nerven zu verlieren.
Zum Entsatz von Stalingrad wurde die neue Heeresgruppe Don gebildet, deren Befehl Feldmarschall v. Manstein mit dem Hauptquartier in Nowotscherkask erhielt. Formell wurde ihm die 6. Armee unterstellt, jedoch behielt sich Hitler durch einen besonderen Generalstabsoffizier mit eigener Funkstelle in Stalingrad eine unmittelbare Einflußnahme auf die Operationen vor. Mansteins Kräfte waren sehr uneinheitlich zusammengesetzt. Drei Luftwaffenfelddivisionen wurden aus dem Reich zugeflogen. Die 4. Panzerarmee des Generalobersten Hoth, die den Entsatzangriff durchführen sollte, erhielt die in Frankreich neuausgerüstete 6. Panzerdivision, die 17. und die 23. Panzerdivision, von denen die letztere zum LVII. Panzerkorps der Heeresgruppe A gehörte. Dazu kamen die Reste der 3. und 4. rumänischen Armee, etwa sechs schwache Divisionen, und die im Antransport befindliche Armeeabteilung Hollidt. Manstein versuchte, mit den Luftwaffenfelddivisionen die Abwehrfront am Tschir zu verstärken. Seiner Ansicht nach war die Räumung des Kaukasus unerläßlich. Die Heeresgruppe A sollte auf Rostow zurückgenommen werden, um dort einen Brückenkopf am Unterlauf des Don aufzubauen. Die 4. Panzerarmee mußte durch ihren Angriff die 6. Armee aus der Umklammerung befreien, mit diesen beiden Armeen sollte dann am Don eine feste Verteidigungsfront gebildet werden.
Hoth, dem außer seinen drei Panzerdivisionen auch das IV. Fliegerkorps zur Verfügung gestellt wurde, sollte den großen Entsatzangriff, das Unternehmen »Wintergewitter«, von Südwesten aus der Kalmückensteppe beginnen, während General Hollidt mit seinen Kräften von Westen angreifen sollte. Fesselungsangriffe im Nord- und Mittelabschnitt der Ostfront sollten den Gegner hindern, Verbände an die Wolga abzuzweigen. Hollidts Gruppe war indes zu schwach und wurde durch russische Gegenstöße aufgehalten. Die Zuführung der Panzerdivision von der Heeresgruppe A verzögerte sich. Erst am 12. Dezember traten die Divisionen Hoths in Richtung Kotelnikowo zum Angriff an, der anfangs trotz schwieriger Wetterbedingungen und russischer Gegenangriffe gut vorwärts kam. Am 21. Dezember 1942 hatten sich Hoths Panzer bis auf etwa 48 Kilometer an den Einschließungsring von Stalingrad vorgekämpft. Im Kessel konnte man das deutsche Artilleriefeuer vernehmen. Man sah die Leuchtsignale aufsteigen, mit denen sich die Panzerverbände verständigten. Die 3. Panzergrenadierdivision wurde als Spitzenformation für den Ausbruch bereitgestellt. Alle warteten auf den entscheidenden Befehl.
Im Führerhauptquartier suchte General Zeitzler Hitler die Genehmigung zum Ausbruch und zur Aufgabe der Kaukasusfront abzuringen. Er erbot sich, selbst nach Stalingrad zu fliegen, um die Lage zu klären. Hitler untersagte dies, er wollte noch immer Stalingrad halten. Das einzige, wozu er sich bereit fand, war, Paulus zu gestatten, Verbindung mit Hoth zu gewinnen. Zeitzler fragte beim Stab der 6. Armee an, wie weit die Treibstoffvorräte noch Bewegungsfreiheit gestatteten. Paulus meldete, der Treibstoff reiche höchstens für eine Ausbruchsbewegung von 30 Kilometern. Hitler triumphierte, man wolle ihn nur zu falschen Entschlüssen verleiten. Paulus müsse bleiben, wo er stehe. Zeitzler erwiderte, dann sei die 6. Armee verloren. Hitler bemerkte, dann könne er dies auch nicht mehr ändern.

Die deutschen Erfolge des Sommers 1942, die im Erreichen des Kaukasus und der Wolga gipfelten, konnten nur geborene Optimisten über das kommende Unheil hinwegtäuschen. Die Sowjets hatten planmäßig Raum geopfert, um ihre Verbände intakt zurückzuführen und für einen großen Schlag bereitzustellen.Für diesen Schlag war Stalingrad vorgesehen, wo die Deutschen zum Übergang über die Wolga ansetzen würden.
Bild linke Seite: „Kleinkrieg" um eine südrussische Ortschaft. Bild oben: Infanterie auf dem Vormarsch zur Wolga.

Mitte Dezember 1942 hatte inzwischen eine Offensive der sowjetischen Heeresgruppen »Woronesch-Front« unter General Golikow und »Südwest-Front« unter General Watutin die 8. italienische Armee und die Trümmer der 3. rumänischen Armee über den Haufen geworfen. Die Tschir-Front zerbrach unter dem Ansturm Dutzender von sowjetischen Panzerbrigaden und Schützendivisionen. Manstein sah sich im Rücken bedroht, der linke Flügel der Heeresgruppe Don war völlig entblößt, ein »Über-Stalingrad« kündigte sich an, wenn die Heeresgruppe Don auf die Küste des Asowschen Meeres zurückgeworfen und von der Mittelukraine abgeschnitten wurde. Das XXXXVIII. Panzerkorps, das die Entsatzoffensive der 4. Panzerarmee unterstützen sollte, wurde an den Tschir dirigiert, die 6. Panzerdivision mußte nach Westen eindrehen. Manstein sah die Gefahr heraufziehen, daß nicht nur seine eigene, sondern auch die Kleistsche Heeresgruppe abgeschnitten wurde. Er befahl die Einstellung des Unternehmens »Wintergewitter«. Am ersten Weihnachtstag des Jahres 1942 hielt er das Schicksal der 6. Armee für besiegelt. Aber jetzt, von dieser Stunde an, gewann deren Ausharren in aussichtsloser Lage für Wochen doch tiefe und entscheidende Bedeutung für das Schicksal der gesamten deutschen Front in Südrußland und im Kaukasus. Die 6. Armee band zwei russische Heeresgruppen und riesige Artilleriemassen. Manstein brauchte Zeit zum Aufbau einer neuen Front, Kleist brauchte Zeit zum Rückzug.

Das Schicksal der 6. Armee hing nunmehr allein von der Luftversorgung ab. Die Luftflotte 4 tat alles, was sie vermochte. Ihre Lufttransportgruppen wurden laufend verstärkt, zum Teil wurden Transporter aus Tunis und Sizilien abgerufen, die eilig von Tropen- auf Winterausstattung umgerüstet werden mußten. Im Dezember standen etwa 200 Ju-52-Maschinen und 100 He-111-Kampfflugzeuge mit leeren Bombenschächten als Transportmittel zur Verfügung, im Januar 1943 467 Maschinen beider Typen. Zwischen dem 24. November 1942 und dem 31. Janu-

ar 1943 gingen 488 Maschinen, ein Bestand von fünf Geschwadern, mehr, als ein Fliegerkorps an Maschinen zählte, mit rund 1000 Mann fliegenden Personals bei der Versorgung von Stalingrad verloren. Schon dies deutete auf die außerordentlichen Schwierigkeiten des Unternehmens hin, es bedeutete einen weiteren höchst unheilvollen Aderlaß für die Luftwaffe. Die Wetterbedingungen des russischen Winters erschwerten den Flugbetrieb oder machten ihn oftmals überhaupt unmöglich. Die steigende feindliche Abwehr und steigende Angriffe auf die eigenen Absprunghäfen bedeuteten weitere Erschwerun-gen und kosteten neue Verluste. Bei gutem Flugwetter lag bald auch der Hauptfeldflughafen im Kessel, Pitomnik, unter russischen Luftangriffen. Die geforderte Mindestleistung, eine Transportquote von 300 Tonnen, wurde nur an einem einzigen Tag, am 19. Dezember 1942, erzielt.
Die zweite große russische Offensive am Don führte zum Verlust der entscheidenden großen Absprungbasen Tazinskaja und Morosowskaja. Die Bodenorganisation mußte auf Flughäfen wie Nowotscherkask, Salsk, Stalino, Taganrog und Rostow zurückgenommen werden, was eine Verlängerung der Flugstrecke um 300-400 Kilometer zur Folge hatte. Zwischen dem 22. November 1942 und dem 16. Januar 1943 wurden rund 5300 Tonnen Versorgungsgut von etwa 3410 Maschinen in den Kessel eingeflogen, was einen Tagesdurchschnitt von 100 Tonnen ergab. Mitte Januar 1943 waren infolge der Wetterbedingungen und der zahlreichen Schäden durch Kälte, Feindeinwirkung und Motorendefekte nur noch 106 Maschinen einsatzklar. Die Versorgung der Kampfgruppe Scherer in Cholm und des II. Armeekorps in Demjansk im Winter 1941/42 durch Lufttransportgruppen hatte zu dem trügerischen Bild geführt, daß auch die Luftversorgung einer Armee von 300 000 Mann möglich sei. Dieses Bild konnte nur bei Männern wie Hitler und Göring

Es wird immer unbegreiflich bleiben, mit welch unverschämter Sorglosigkeit sich die deutsche Kriegführung der Überzeugung hingegeben hatte, das riesenhafte Rußland werde in einem „Blitzkrieg" überrannt werden wie zuvor Polen oder Frankreich. (Bild oben: an einen Panzer angelehnte Landser am Ende ihrer Kräfte). Bilder rechte Seite: Ein sowjetischer Raketenwerfer des Typs „Katjuscha", im Landserjargon „Stalinorgel" genannt, feuert aus allen Rohren (oben); deutscher Panzer mit aufgesessener Infanterie im Anmarsch auf Stalingrad (unten).

entstehen, die längst die Verbindung zur Wirklichkeit, zur Front verloren hatten. Auch die Luftwaffe konnte die 6. Armee nicht retten, sie zahlte nur einen viel zu hohen Preis und erntete ungerechtfertigte Vorwürfe, als sich herausstellte, daß auch der stärkste Wille nicht das Unmögliche verwirklichen konnte.
Weihnachten 1942 sah die Trümmer der 6. Armee in den Ruinen der Stadt und in den Balkas, den Regenschluchten der Steppe. Die Weihnachtsration betrug 200 Gramm Brot pro Kopf und ein wenig Pferdefleisch. Auflösungserscheinungen kündigten sich an. Immer stärker wurden die ausfliegenden Transportmaschinen von Kranken, Verwundeten und Verzweifelten umdrängt, die dem Untergang noch zu entrinnen hofften. 24 190 Verwundete und Kranke wurden bis Mitte Januar aus dem Kessel ausgeflogen. Hitler ging dazu über, einzelne verdiente hohe Offiziere wie General Hube, die zum Empfang hoher Auszeichnungen ins Führerhauptquartier gerufen wurden, nicht mehr nach Stalingrad zurückzuschicken, um sie für eine anderweitige Verwendung vor dem Untergang zu bewahren.
Auf fortgesetztes Drängen Mansteins setzte Zeitzler endlich Ende Dezember die Einleitung des Rückzugs der Heeresgruppe A vom Kaukasus durch. Hitler befahl freilich, sie solle am Kuban einen Brückenkopf bilden, während Manstein ihre Zurücknahme bis auf den Don bei Rostow verlangt hatte. Dies bedeutete für die schwer angeschlagene Heeresgruppe Don neue blutige Sicherungsunternehmen ostwärts Rostow, um in der Steppe den Durchlauf der Eisenbahntransporte der Heeresgruppe A für den Aufbau des Kuban-Brückenkopfes zu sichern.
Schon aus Rücksicht auf die Haltung der neutralen Türkei, die als Kriegspartner immer noch heiß umworben wurde, wollte Hitler mit allen Mitteln die deutsche Position im östlichen Schwarzen Meer behaupten. Manstein wurde jetzt auch der bisher der Heeresgruppe B zugeteilte Donezabschnitt westlich Woroschilowgrad unterstellt, die dort fechtenden Kräfte bestanden im wesentlichen nur aus Trümmern der Armeeabteilung Fretter-Pico, die bei der Don-Offensive zerschlagen worden war. Die 4. Panzerarmee suchte mit allen Mitteln den Manytsch-Fluß zu verteidigen. Manstein forderte immer

Bild linke Seite: Anfang September 1942, noch acht Kilometer bis Stalingrad. Der Kommandant der 24. Panzerdivision kann aus der offenen Turmluke seines Panzers III. schon die Vorstädte erkennen. Bild oben: Generaloberst Freiherr von Richthofen von der 4. Luftflotte (rechts) bei einer Lagebesprechung mit General Paulus, dem Oberbefehlshaber der 6. Armee (zweiter von links), in noch entspannter Atmosphäre etwa Mitte September. Zu diesem Zeitpunkt bereitete Stalin schon die Einschließung der 6. Armee („Uranus") und den Durchbruch bis Rostow („Saturn") vor.

wieder die Zurücknahme der 1. und 4. Panzerarmee auf Rostow, um die Verteidigung des Donezabschnittes neu zu organisieren. Der Gegner versuchte, mit vier motomechanischen Korps über den unteren Manytsch auf Rostow und mit zwei beweglichen Korps auf Woroschilowgrad, das Zentrum des Donezgebietes, vorzudringen. Die Tschir-Front ging endgültig verloren. Noch immer drohte die Gefahr, daß sowohl Mansteins als auch Kleists Armeen gegen das Asowsche Meer gedrängt und dort eingekesselt wurden.

Am 8. Januar 1943 richtete der russische Marschall Rokossowski die erste Aufforderung an Paulus, zu kapitulieren. Dieser erbat nochmals von Hitler Handlungsfreiheit. Hitler untersagte jegliche Übergabeverhandlungen. Paulus äußerte düster, er wisse, daß die Kriegsgeschichte bereits ihr Urteil über ihn gesprochen habe. Allein er hielt aus, wie es befohlen war, obwohl das für Zehntausende der besten deutschen Soldaten Tod, Hunger, Erfrierung und Verzweiflung bedeutete. Die Tagesration im Kessel fiel auf 50 Gramm Brot.

Am 10. Januar 1943 brach ein russischer Großangriff los, 2000 Geschütze und 3000 Mörser schossen Trommelfeuer, der erste Triumph der Massierung der russischen Artillerie in Divisionseinheiten. Konzentrische Sturmangriffe mit Panzern von Norden, Süden und Westen verengten den Kessel. Die Feldflugplätze fielen einer nach dem anderen in russische Hand. 364 Todesurteile durch Kriegsgerichte im Kessel waren die Bilanz aller Versuche, die immer brüchiger werdende militärische Ordnung auch im Untergang zu erhalten. Die Skala menschlicher Größe und Niedertracht enthüllte sich. Es gab Offiziere, die den Führern der noch wieder abfliegenden Transportmaschinen hohe Summen für einen Platz im Flugzeug boten. Aber die Zahl derer, die die Haltung wahrten, überwog auch im Angesicht des Todes.

Am 19. Januar 1943 brach neues Unheil über die schon arg zerfetzte Heeresgruppe B herein. Die ungarische 2. Armee wurde bei Woronesch zerschlagen, ihr Oberbefehlshaber, Generaloberst Jany, verwundet. Damit entstand zwischen Woronesch und Woroschilow-

grad eine breite Frontlücke. Die Gefahr tauchte auf, daß russische Panzer auf das untere Knie des Dnjepr durchstiessen und damit die rückwärtigen Verbindungen der Heeresgruppe Don unterbrachen.
Am 22. Januar 1943 erging das zweite russische Kapitulationsangebot an Generaloberst Paulus. Manstein empfahl, es anzunehmen, weiterer Widerstand sei jetzt sinnlos und durch nichts mehr zu verantworten. Paulus verbot erneut die Übergabe und befahl, auf Parlamentäre zu feuern. Die Armee zerfiel. Ein Divisionskommandeur kapitulierte eigenmächtig und führte die Reste seiner Division in russische Gefangenschaft. Der Stab eines Artillerieregimentes erschoß sich geschlossen, um nicht in Gefangenschaft zu geraten. Eine Reihe anderer Divisionskommandeure suchten freiwillig den Tod, indem sie sich in die Feuerlinie begaben und stehend freihändig auf die anstürmenden Russen schossen.
Seit Mitte Januar 1943 gab der OKW-Bericht mit dem Passus, in Stalingrad würden gegen den »von allen Seiten angreifenden Feind« gekämpft, indirekt die Tatsache zu, daß die 6. Armee seit rund zwei Monaten eingeschlossen war, etwas, das alle offiziellen Berichte bislang sorgfältig verschwiegen hatten. Am 25. Januar 1943 hieß es: »In Stalingrad heftet die 6. Armee in heldenhaftem und aufopferndem Kampf gegen erdrückende Übermacht unsterbliche Ehre an ihre Fahnen.«
Ende Januar 1943 vollzog sich unter dauernden russischen Angriffen bei erlahmender Widerstandskraft der Verteidigung die Aufspaltung des Kessels in drei Teilkessel, einen Nordkessel mit den Resten des XI. Armeekorps, einen Mittelkessel mit dem VIII. und LI. Armeekorps und den Südkessel, in dem sich Paulus selbst mit den Trümmern des IV. Korps und des XIV. Panzerkorps hielt. Alarmgruppen, in denen Generale, Generalstabsoffiziere, Schreiber, Funker und Troßfahrer Schulter an Schulter kämpften, verteidigten sich weiter.
Eine Armee ging unter, 300 000 Soldaten waren verloren, man mußte an eine neue Kraftanstrengung denken. Am 29. Januar 1943 wurde im Reich die Meldepflicht für alle einsatzfähigen Männer zwischen 16 und 65 Jahren und alle Frauen zwischen 17 und 50 Jahren verkündet. Zum 10. Jahrestag der Machtübernahme durch den Nationalsozialismus richtete Hitler eine Proklamation aus seinem Hauptquartier, das er in diesen Tagen nicht zu verlassen wagte, an das deutsche Volk, in der er das Großdeutsche Reich als den »Germanischen Staat deutscher Nation« verkündete. Am Vormittag sprach Göring, der Reichsmarschall des Großdeutschen Reiches, dem Hitler jetzt gegenüber Vertrauten vorwarf, er habe ihn mit seinem Versprechen, die Luftwaffe würde die 6. Armee versorgen, getäuscht, in Berlin zum deutschen Volk und erklärte Stalingrad zum »größten Heroenkampf in unserer Geschichte«.
Tags darauf gingen in Stalingrad Walther Kurt Frhr. v. Seydlitz-Kurz-

Bild oben: Generalfeldmarschall Freiherr von Weichs, Oberbefehlshaber der Heeresgruppe B, die während der Kämpfe um Stalingrad großenteils im Raum Woronesch gefesselt blieb. Bild rechte Seite oben: deutsche MG-Bedienung in einem vorgeschobenen Beobachtungsposten nach einem Gefecht im Donbogen. Im Hintergrund ein beschädigter sowjetischer Panzer des Typs T 34, der erstmals im August 1941 vor den deutschen Linien aufgetaucht war und sich den deutschen Kampfwagen Panzer III. und IV. als an Feuerkraft und Beweglichkeit weit überlegen gezeigt hatte. Bild rechte Seite unten: Ein Halbketten-Zugkraftwagen mit der schweren deutschen Feldhaubitze M 18 rollt über einen Knüppeldamm.

Schonungslos zur Wehr setzen

Hitlers Gerichtsbarkeitserlaß »Barbarossa«, 13.5.1941

Die weite Ausdehnung der Operationsräume im Osten, die Form der dadurch gebotenen Kampfesführung und die Besonderheit des Gegners stellen die Wehrmachtgerichte vor Aufgaben, die sie während des Verlaufs der Kampfhandlungen und bis zur ersten Befriedung des eroberten Gebietes bei ihrem geringen Personalbestand nur zu lösen vermögen, wenn sich die Gerichtsbarkeit zunächst auf ihre Hauptaufgabe beschränkt.

Das ist nur möglich, wenn die Truppe selbst sich gegen jede Bedrohung durch die feindliche Zivilbevölkerung schonungslos zur Wehr setzt.

Demgemäß wird für den Raum »Barbarossa« (Operationsgebiet, rückwärtiges Heeresgebiet und Gebiet der politischen Verwaltung) folgendes bestimmt:

1. Straftaten feindlicher Zivilpersonen sind der Zuständigkeit der Kriegsgerichte und der Standgerichte bis auf weiteres entzogen.

2. Freischärler sind durch die Truppe im Kampf oder auf der Flucht schonungslos zu erledigen.

3. Auch alle anderen Angriffe feindlicher Zivilpersonen gegen die Wehrmacht, ihre Angehörigen und das Gefolge sind von der Truppe auf der Stelle mit den äußersten Mitteln bis zur Vernichtung des Angreifers niederzukämpfen.

4. Wo Maßnahmen dieser Art versäumt wurden oder zunächst nicht möglich waren, werden tatverdächtige Elemente sogleich einem Offizier vorgeführt. Dieser entscheidet, ob sie zu erschießen sind. Gegen Ortschaften, aus denen die Wehrmacht hinterlistig oder heimtückisch angegriffen wurde, werden unverzüglich auf Anordnung eines Offiziers in der Dienststellung mindestens eines Bataillons- usw. -Kommandeurs kollektive Gewaltmaßnahmen durchgeführt, wenn die Umstände eine rasche Feststellung einzelner Täter nicht gestatten.

5. Es wird ausdrücklich verboten, verdächtige Täter zu verwahren, um sie bei Wiedereinführung der Gerichtsbarkeit über Landeseinwohner an die Gerichte abzugeben.

6. Die Oberbefehlshaber der Heeresgruppen können im Einvernehmen mit den zuständigen Befehlshabern der Luftwaffe und der Kriegsmarine die Wehrmachtgerichtsbarkeit über Zivilpersonen dort wieder einführen, wo das Gebiet ausreichend befriedet ist.

Behandlung der Straftaten von Angehörigen der Wehrmacht und des Gefolges gegen Landeseinwohner:

1. Für Handlungen, die Angehörige der Wehrmacht und des Gefolges gegen feindliche Zivilpersonen begehen, besteht kein Verfolgungszwang, auch dann nicht, wenn die Tat zugleich ein militärisches Verbrechen oder Vergehen ist.
2. Bei der Beurteilung solcher Taten ist in jeder Verfahrenslage zu berücksichtigen, daß der Zusammenbruch im Jahre 1918, die spätere Leidenszeit des deutschen Volkes und der Kampf gegen den Nationalsozialismus mit den zahllosen Blutopfern der Bewegung entscheidend auf bolschewistischen Einfluß zurückzuführen war und daß kein Deutscher dies vergessen hat.

3. Der Gerichtsherr prüft daher, ob in solchen Fällen eine disziplinare Ahndung angezeigt oder ob ein gerichtliches Einschreiten notwendig ist. Der Gerichtsherr ordnet die Verfolgung von Taten gegen Landeseinwohner im kriegsgerichtlichen Verfahren nur dann an, wenn es die Aufrechterhaltung der Mannszucht oder die Sicherung der Truppe erfordert. Das gilt z.B. für schwere Taten, die ein Anzeichen dafür sind, daß die Truppe zu verwildern droht.

Am 19. November 1942 begann die großangelegte sowjetische Zangenoffensive zur Einschließung der 6. deutschen Armee in Stalingrad. Hitler verbot, nicht zuletzt durch Görings Versprechungen einer ausreichenden Luftversorgung geleitet, den zunächst noch möglichen Ausbruch und ließ im Gegenteil noch Verstärkungen in den Kessel fliegen. Bild rechts: Flug in die Hölle - Landser auf dem Weg nach Stalingrad zur Verstärkung der Eingeschlossenen. Bilder linke Seite: Verladung von Versorgungsbomben und -kisten (oben) aus einem deutschen Versorgungslager für die 6. Armee (unten).

Stalingrad sollte die mörderischste Schlacht des Zweiten Weltkriegs und zugleich seine Entscheidungsschlacht werden. In wochenlangen verlustreichen Häuserkämpfen (Bild oben und linke Seite) hatten zunächst die Deutschen die Stadt fast gänzlich in ihre Hand gebracht. Anträge von Paulus, die zur Abnützungsschlacht degenerierte Operation abzubrechen und die exponierte 6. Armee aus Stalingrad zurückzuziehen, wurden von Hitler schon aus Prestigegründen kategorisch abgelehnt. Damit war das Szenario für die größte militärische Katastrophe der deutschen Geschichte perfekt.

bach, der Kommandierende General des LI. Armeekorps, und sieben andere Generale in russische Kriegsgefangenschaft. Bei der Lagebesprechung im Führerhauptquartier in Ostpreußen meldete Zeitzler, seit dem gestrigen Tage sei der Funkverkehr mit Stalingrad abgerissen. Hitler hatte Tränen in den Augen und äußerte, er könne nicht glauben, daß Paulus das Leben wähle. Dann jedoch bekam Keitel zu hören, er solle Goebbels unterrichten: Stalingrad müsse zum Fanal, die 6. Armee neu aufgestellt werden. Am 30. Januar 1943 hatte Goebbels verkündet: »Das Wort Kapitulation existiert nicht in unserem Sprachschatz...«

Am 1. Februar ergab sich Generalfeldmarschall Paulus. Der Süd- und Mittelkessel waren liquidiert. Bei den Lagebesprechungen dieser Tage erging sich Hitler immer von neuem über Paulus' Handlungsweise; er kam nicht darüber hinweg, daß dieser nicht Selbstmord begangen hatte, und beschuldigte ihn des langen und breiten der Pflichtvergessenheit und Verantwortungslosigkeit. Niemand von den Teilnehmern wagte ein Wort zugunsten des unglücklichen Oberbefehlshabers der 6. Armee. Noch hielt das XI. Armeekorps unter General Strecker im Nordkessel um das Traktorenwerk aus. In der Nacht des 1. Februar starteten noch 109 Maschinen mit Versorgungsgütern für diesen Kessel, 89 Maschinen warfen 72 Tonnen Nachschub ab, drei Flugzeuge gingen verloren. Am 2. Februar erlosch auch der letzte Widerstand im Traktorenwerk, nachdem die Munition verschossen war. Um 8.40 Uhr sandte General Strecker seinen letzten Funkspruch: »XI. AK hat mit seinen sechs Divisionen im schwersten Kampf bis zum letzten Mann seine Pflicht getan. Es lebe der Führer! Es lebe Deutschland!« Am Abend dieses Tages meldeten Flugzeugbesatzungen, die auch an diesem Tag über Stalingrad gewesen waren, daß am Traktorenwerk eine pferdebespannte russische Kolonne stünde. Der Kampf war zu Ende. Rund 91 000 Soldaten, darunter 24 Generale und etwa 2500 Offiziere, fielen in russische Kriegsgefangenschaft. Seit 1806, dem Jahr der schweren Niederlage bei Jena und Auerstedt gegen Napoleon,

war es die schwerste Niederlage, die je ein preußisch-deutsches Heer erlitten hatte. Hitler äußerte gegenüber General Scherff, dem Beauftragten für die Kriegsgeschichtliche Forschung im OKW: »Hätte ich das geahnt, wäre Paulus kein Feldmarschall geworden. Sie haben alle an der Schwelle der Unsterblichkeit versagt.«
Am 3. Februar 1943 meldete der Wehrmachtbericht, der Kampf um Stalingrad sei zu Ende, eines könne schon jetzt gesagt werden: Das Opfer der Armee sei nicht umsonst gewesen. Für drei Tage schlossen auf Befehl des Reichspropagandaministers sämtliche Theater, Kinos und Varietés. An der propagandistischen Front verstand ein Mann von der Geschicklichkeit Goebbels' es meisterhaft, die Niederlage zum Sieg, zum Ansporn zu höchster Kraftanstrengung umzumünzen. Sämtliche Bars, Luxuslokale und Geschäfte, die nicht dem unmittelbaren Massenbedarf dienten, wurden geschlossen, um Arbeitskräfte frei zu machen.
Die Katastrophe von Stalingrad war die große Wende, nicht nur innenpolitisch durch das Wiederaufleben der militärischen Résistance im Heer, sondern auch außenpolitisch. Sie hatte eine schwere Erschütterung des so locker und hastig zusammengerafften und so heterogen zusammengesetzten deutschen Machtbereichs zur Folge. Die bisher abwartenden Neutralen, die Türkei, Schweden, Portugal zogen sich merklich zurück. Schweden kündigte in der Folge im Sommer 1943 den Urlaubertransitverkehr und die Genehmigung für die Instandsetzung von Kraftfahrzeugen der Lappland-Armee in schwedischen Werkstätten. Portugal überließ die Azoren den Alliierten als Stützpunkt. In Italien übernahm Mussolini die Leitung des Außenministeriums und suchte seinen Schwiegersohn, Galeazzo Ciano, Graf von Cortellazzo, mit dem Posten eines Vertreters beim Vatikan abzufinden. In Ungarn regten sich Bestrebungen, im Verein mit Italien aus dem Krieg auszuscheiden. Schon 1942 war es in Budapest bei gesellschaftlichen Veranstaltungen vorgekommen, daß italienische und ungarische Offiziere Trinksprüche darauf ausgebracht hatten, daß zwei Länder mit England

Nach der Einkesselung der 6. Armee im Raum Stalingrad Ende November saßen 250.000 deutsche Soldaten in der Falle, wo sie laut Führerbefehl „bis zum letzten Mann und bis zur letzten Patrone“ weiterzukämpfen hatten. Damit er die letzte Patrone auch richtig nutzte, wurde Paulus am 31. Januar 1943 noch zum Generalfeldmarschall befördert. Doch Paulus wählte nicht den Freitod: Am selben Tag kapitulierte er mit den Resten seiner zermalmten Armee.
Bilder linke Seite und oben: deutsche Landser und russische Scharfschützen im Straßenkampf in den Ruinen von Stalingrad (Bild rechts: Fernkamera-Aufnahme eines schwerbeschädigten Industriegebäudes).

zusammen den Krieg beenden würden: Italien und Ungarn. Finnland erlebte eine ernste politische Krise, Bestrebungen setzten ein, mit amerikanischer Vermittlung einen Vergleichsfrieden mit der Sowjetunion zu schließen. Finnland wagte 1943 keine neue Offensive an der Murmanskfront mehr, obwohl die 20. deutsche Armee in Lappland und die finnische Armee noch völlig intakt waren, aus Besorgnis, die Vereinigten Staaten könnten solchen Schritt als unfreundlichen Akt auffassen und Finnland den Krieg erklären.

Am klarsten erkannte der spanische Generalissimus Francisco Franco die große Wende. Schon im September 1942 hatte in Madrid ein Wechsel im Außenministerium stattgefunden, Serrano Suñer, der Vertreter des Kurses der Nichtkriegführung, war durch den für anglophil geltenden und als Verfechter strikter Neutralität bekannten Grafen Jordana ersetzt worden. Im Verlauf des Jahres wurde die »Blaue Division« aus Rußland zurückgerufen. Die deutsche Niederlage in Rußland weckte in Franco die Befürchtung, das deutsche Bollwerk in Mitteleuropa, der historische Schutzwall des Abendlandes gegen den Osten, könne gänzlich zerbrechen, Sowjetrußland könne seinen Einfluß bis an die Atlantikküste ausdehnen. Im Februar 1943 versuchte er sich mit Churchill in Verbindung zu setzen und ihm diese Idee zu unterbreiten. Der englische Premierminister war nicht in der Lage, solche Bedenken offiziell gelten zu lassen. Er leugnete in seinem Gedankenaustausch mit Franco, daß ein zu starkes Rußland nach dem Sieg eine Gefahr für das übrige Europa bedeute. Doch Franco war zäh. Er unternahm einen weiteren Schritt: Durch den spanischen Vertreter im katholischen Teil Irlands in Dublin ließ er vorschlagen, die Gesandten der neutralen Mächte, Irlands, Schwedens, der Schweiz und des Vatikans, sollten in Madrid die Kriegführenden im Sinne einer gemeinsamen

Den Tod vor Augen

Briefe eines Arztes aus Stalingrad, Dez. 1942/Jan. 1943

Zur äußeren Lage: Wir hocken zusammen in einigen Erdlöchern einer Steppenschlucht. Notdürftigst eingegraben und eingerichtet. Dreck und Lehm. Aus nichts wird etwas gemacht. Kaum Holz zum Bunkern. Mäßige Feuerstellen. Wasser von weither geholt, sehr knapp. Verpflegung noch zum Sattwerden. Ringsherum triste Landschaft in großer Monotonie und Melancholie. Winterwetter mit wechselnder Kälte, Schnee, Sturm, Frost, plötzlich Schlackwetter. Bekleidung gut: Wattehose, Pelzweste, Filzstiefel und mein unbezahlbarer Pelz, in dieser Lage mein bestes Stück. Seit Urlaub Kleidung nicht mehr vom Leib. Läuse. Mäuse nachts übers Gesicht. Sand rieselt in der Höhle aufs Lager. Ringsum Schlachtengetöse. Wir haben gute Deckung und haben uns gut verschanzt. Aufgesparte Reste werden geteilt. – Dann blitzen Erinnerungen an das schöne vergangene Leben auf, mit Genuß und Versuchlichkeit, Liebe und Schande. Und jeder wünscht nur eins: Leben, am Leben bleiben! Das ist nackt und wirklich und wahr das Letzte: der Wille zum Leben.

*

Was liegt alles hinter uns – jene ersten Tage, in denen keiner ein und aus wußte. Angriff auf Angriff, von allen Seiten. Granaten, Panzer, Maschinengewehre, die furchtbare Stalinorgel, Bomben und alle Waffen, und alles Auge in Auge. – Aber die Kraft wächst mit der Gegenkraft. Man wird auch an den Zustand gewöhnt. Das Krachen läßt nicht mehr so sehr aufschrecken, man weiß sich in dieser Lage zu benehmen. Man hat das Notwendige zu seiner Sicherheit getan und läßt sich ruhig in seinem Bunker den Sand über den Kopf regnen und arbeitet und liest oder unterhält sich weiter... Die Transportflugzeuge schaffen Tag und Nacht. Was heißt Hunger? Man kann mit wenigem und noch wenigerem auskommen. Die Lage der Kranken und Verwundeten ist wieder erträglich, ich habe wieder Medikamente.

*

Kaum eine irdische Hoffnung mehr, den sicheren Tod vor Augen oder ein Schrecken ohne Ende in Gefangenschaft, irgendwo im Raum aller Unbarmherzigkeit. – Wir wissen nun, was sich um uns ereignet hat.

Bild oben: Am 30. Januar 1943, als das Schicksal der 6. Armee schon besiegelt war, feierte Göring in einer Rede an die Wehrmacht den „Heldenkampf um Stalingrad“. Bild linke Seite: Vor Ort sah dieser Heldenkampf so aus: erstarrter Stalingradkämpfer in einem Massengrab für deutsche Gefallene. Hitler erging sich derweil in ebenso hochtrabenden wie schiefen historischen Vergleichen und erklärte Stalingrad zu einer Neuauflage der Schlacht an den Thermopylen, wo sich die Spartaner 480 vor Christus bis zum letzten Mann niedermetzeln ließen und damit den griechischen „Endsieg“ über die Perser ermöglichten. Entsprechend machte der „Völkische Beobachter“ am 4. Februar 1943 so auf: „Sie starben, damit Deutschland lebe“ (Bild rechts).

Berliner Ausgabe

VÖLKISCHER BEOBACHTER

Kampfblatt der nationalsozialistischen Bewegung Großdeutschlands

Der Kampf der 6. Armee um Stalingrad zu Ende

Sie starben, damit Deutschland lebe

Getreu ihrem Fahneneid

Zweimal die Aufforderung zur Übergabe stolz abgelehnt

Die Helden der 6. Armee

Von Alfred Rosenberg

Verteidigung gegen den Bolschewismus zur Einstellung der Feindseligkeiten auffordern. Der spanische Außenminister, Graf Jordana, nahm in diesem Sinne Fühlung mit dem freilich wenig weitblickenden und sehr unentschlossenen britischen Botschafter Sir Samuel Hoare, der 1917 als britischer Bevollmächtigter in Petersburg den Ausbruch der roten Revolution in Rußland erlebt hatte. Jetzt galt die Parole der »Unconditional surrender«, der bedingungslosen Kapitulation, für ihn. Die Fronten hatten sich verschoben und versteift, der Krieg hatte wie stets auch eine Unsumme von Haß und anderen rein emotionellen Faktoren aufgewühlt, die den Kriegführenden den Blick trübten, und Sir Samuel Hoare war seiner ganzen Vergangenheit nach wohl ein typischer Vertreter der alten englischen regierenden Schicht, aber keine Märtyrernatur und kein großer Warner und Mahner. Er fragte Graf Jordana stirnrunzelnd, wieso ausgerechnet der Außenminister eines so streng katholischen Landes sich für den ärgsten Gegner des Katholizismus, das nationalsozialistische Regime, verwenden wolle; dies könne er nicht begreifen.

Am 18. Februar 1943 sprach der Reichspropagandaminister, Dr. Joseph Goebbels, im Berliner Sportpalast vor Zehntausenden von Menschen. Er legte ihnen zehn grundsätzliche Fragen zur Kriegführung vor; längst war er im Inneren unzufrieden mit der im Vergleich etwa zu England und Rußland weit geringeren Mobilisierung der letzten Reserven der Volkskraft für den Krieg. Seine Fragen erheischten, wie er rief, nur eines: das Ja fanatischer Entschlossenheit. »Ich frage euch«, so schrie er, »wollt ihr den totalen Krieg?« Die Menge antwortete mit einem brausenden »Ja!«.

Am 18. Februar 1943 lieferte Goebbels mit seiner berühmt-berüchtigten „Sportpalastrede" sein demagogisches Meisterstück. Mit einem geschickten Frage- und Antwortspiel brachte er seine Durchhalteparolen an den Mann und entfachte den Widerstandswillen bis zum „Endsieg". Bild oben: Einzug des Matadoren in den Berliner Sportpalast. Bild rechts: fanatische „Volksgenossen" versuchen in den überfüllten Saal einzudringen. Bild links: „Wollt ihr den totalen Krieg?" - „Ja!" Goebbels zynisch nach seiner Rede: „Die Stunde der Idiotie. Hätte ich gesagt, sie sollen aus dem 3. Stock des Columbus-Hauses springen, sie hätten es auch getan."

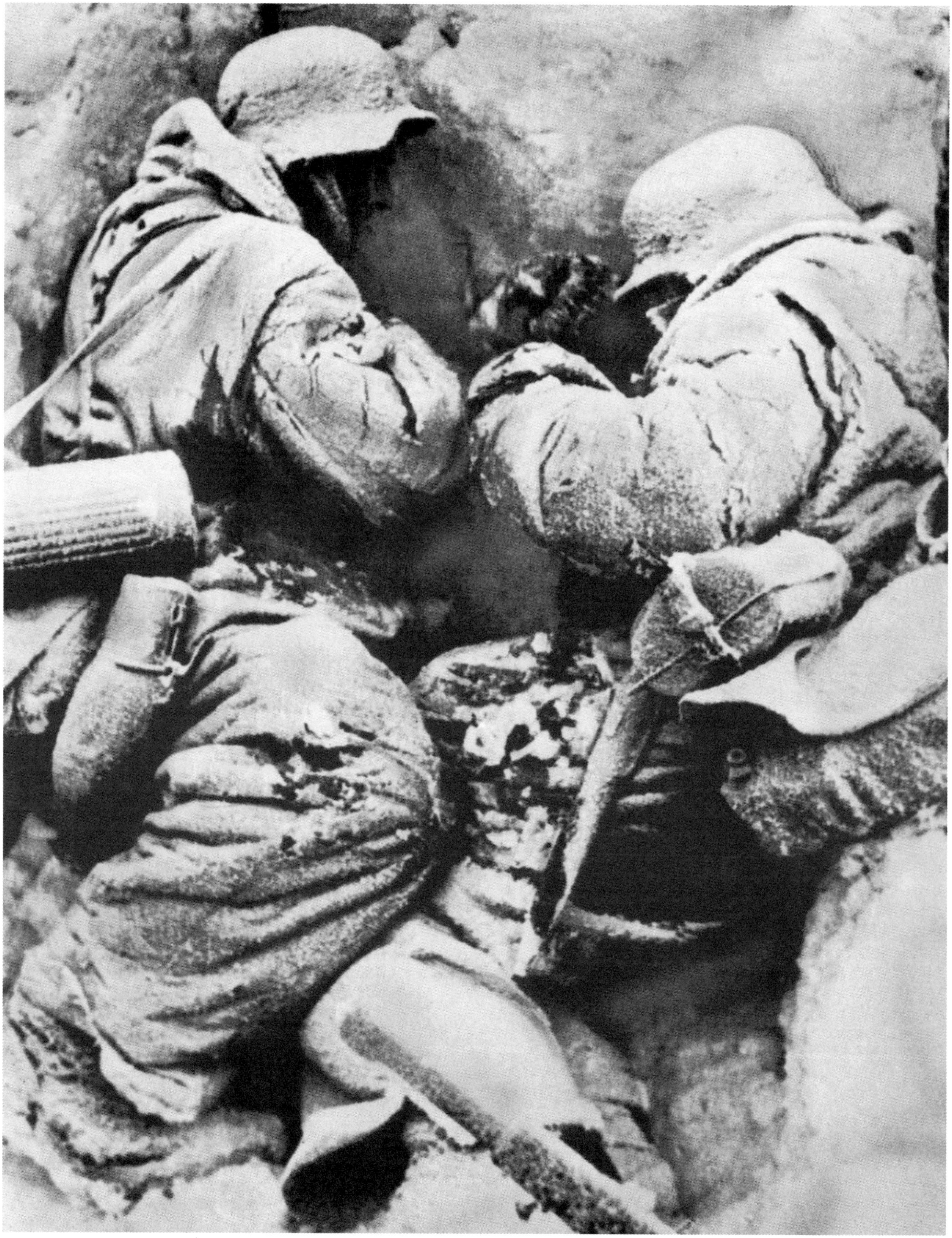

Wende in Rußland

Im großen Drama des Krieges im Osten bezeichnet die Schlacht von Stalingrad den Höhepunkt und den Anfang vom Ende.
Aber dem Akt Stalingrad sollten noch viele Akte folgen, bevor der Vorhang fiel und das Dunkel alles verhüllte. An der ganzen, Tausende von Kilometern langen Front in den verschneiten Ebenen des Ostens tobte die Winterschlacht mit furchtbarer, sich ständig steigernder Erbitterung. Aus den weißen Schleiern des Schneetreibens, unter dem dumpf aufgrollenden Schwall schwersten Trommelfeuers und dem Heulen der »Stalinorgeln« griffen immer wieder Wellen der sowjetrussischen Infanterie hinter Panzerrudeln an, in schier unerschöpflicher Zahl, mit schier unerschöpflichem Material ausgestattet. Die gewaltige amerikanische Industrie, die auf Höchstleistung gebrachte britische Industrie, die eigene so erstaunlich gesteigerte Industrie der Sowjetmacht, die die Maschine zum Götzen und die Fabrikarbeit zum alleinigen Lebenszweck des »Sowjetmenschen« erhoben hatte, arbeiteten für die Armee der Weltrevolution. Die Linien der deutschen Winterkämpfer in ihren weißen wattierten Mänteln waren hauchdünn geworden, waren vielfach aufgerissen, ohne Zusammenhang, in einzelne Stützpunkte aufgesplittert. Die Nachschubstraßen, jene alten russischen Heerstraßen, die im Sommer mehr grasbewachsenen Feldern als festbegrenzten Kunstwegen glichen, die sich in der dörrenden Hitze in Sandwüsten verwandelten, bis die Herbstregen sie wieder in Morast verkehrten und Löcher und Senken mit trübem Schmutzwasser füllten, lagen jetzt unter hohem Schnee, den der Ostwind zu weißen Wällen türmte.
Das Grundproblem des Ostfeldzuges war die Beherrschung des Raumes. Es war nur zu lösen, wenn man entweder zahlenmäßig die Überlegenheit besaß oder die zahlenmäßige Unterlegenheit durch eine sehr große Beweglichkeit ausglich. Beides vermochte die deutsche Führung nicht. Die Kräfte fehlten, sie fehlten um so mehr, je mehr der Raum sich nach Osten dehnte. Eine bewegliche Kampfführung hatte eine große Anzahl gepanzerter oder motorisierter Divisionen zur Voraussetzung, sie waren gleichfalls nicht vorhanden, weil das Rüstungspotential wie die Treibstoffwirtschaft dafür nicht die Voraussetzungen zu schaffen vermochten. Die Luftwaffe als ausgleichender Faktor konnte gleichfalls nicht helfen, sie verfiel. Jedes Frühjahr, jeder Herbst, jeder Winter hoben mit Schlamm oder Schneeverwehung zudem für Wochen, oft für Monate, die Vorteile auch der großzügigsten Motorisierung und Mechanisierung auf, Schwierigkeiten, die auch der Gegner, der besser mit den heimischen Verhältnissen vertraut war, nicht immer zu überwinden vermochte. Der Nachschub mußte auf den langen, endlosen Rollbahnen dann mit Pferdefuhrwerk oder Schlitten bewältigt werden, ständig in den meisten rückwärtigen Armee- und Heeresgebieten umlauert von Partisanen. Er erforderte eine umfangreiche Organisation, bewegliche Hilfskommandos in allen Ortschaften zur Beseitigung von Schneewehen, zur Straßeninstandsetzung, Wärmestuben für die an die hohen Kältegrade des östlichen Winters nicht gewohnten deutschen Soldaten, vorgeschobene Lager hinter der Front, deren Vorräte halfen, den Nachschubweg zu kürzen, die Bereitstellung von Stoßgruppen aus den Troß- und Versorgungsdiensten, die mit panzerbrechenden Waffen versehen waren, um russische Einbrüche abzufangen, die bei der dünnen, nicht durchlaufend zu besetzenden Front und dem Fehlen von Eingreifreserven immer häufiger wurden.
Die bewegliche Kampfführung wäre indes trotz aller Mängel der Rüstung immer noch bis zu einem gewissen

Daß Stalingrad der Anfang vom Ende war, wurde schon bald deutlich. Von der Ostsee bis zum Schwarzen Meer war die Rote Armee Anfang 1943 angetreten, die Gesamtstoßrichtung des Ostkrieges umzukehren. Im Norden, in der Mitte und im Süden wurden tiefe Einbrüche in die deutschen Frontlinien erzielt. Das Gesetz des Handelns war endgültig an die Russen übergegangen.

Bild linke Seite: Landser in der „weißen Hölle" Rußlands. Bild rechts: Generalissimus Stalin. Daß ausgerechnet die Stadt, die den Namen des „roten Zaren" trug, zum Symbol für die Kriegswende wurde, hat seine historische Berechtigung. Nicht Churchill und Roosevelt, sondern Stalin sollte der große Sieger des Zweiten Weltkriegs werden.

Grade die einzige Möglichkeit gewesen, wenn nicht zu den technischen Schwierigkeiten nun die Erstarrung des Intellekts des Obersten Kriegsherrn hinzugekommen wäre. Wußte dieser um die beiden bereits geschilderten Grundprobleme, handelte er bewußt, oder handelte er einfach intuitiv aus dem Empfinden heraus, daß die starre Führung sich einmal bewährt hatte? Wahrscheinlicher erscheint das zweite. Diese Haltung entsprach dem Verfall, der Verarmung der Persönlichkeit. Hitler verlangte jetzt von der Front nur mehr eins, das Fechten auf Linien, eine Idee, vor der schon Napoleon gewarnt hatte. Ohne Frontverkürzung, ohne jede Elastizität sollte jede Stellung gehalten werden, ganz gleich wie die Voraussetzungen waren, wie ungünstig diese in der Praxis auch immer verlaufen mochte.

Für die deutschen Armeeführer bedeutete dies einen doppelten Kampf: gegen den gnadenlosen, mit überquellenden Massen von Menschen und Material anrennenden Gegner und gegen die eigene höchste Führung, die ihnen nicht mehr gestatten wollte, die notwendigsten Maßnahmen für unvorhergesehene Fälle zu treffen, den Bau rückwärtiger Auffangstellungen, die rechtzeitige Zurücknahme der für die Fortsetzung des Kampfes unentbehrlichen Versorgungs- und Sanitätsdienste bei ungünstigen Lagen, die ihnen nicht mehr erlaubte, sich nach rechts und links selbständig über die Lage bei den Nachbararmeen zu orientieren, die sie zwang, unter einem ständigen seelischen Druck auf eigene Verantwortung hin die notwendigste Vorsorge walten zu lassen, die sie zwang, Befehle, die unsinnig und unmöglich waren, zu umgehen, auszulegen oder umzudeuten. Wer im Krieg nicht operiert, begibt sich selbst der Initiative und der Führung. Hitler aber schimpfte auf die Generale, die stets »operieren« wollten, weil sie dies nicht anders gemäß der »veralteten Generalstabslehre« gelernt hatten. War diese seelische Belastung für den verantwortungsbewußten Armeeführer oder Heeresgruppenbefehlshaber schon ungeheuer, so trug der Soldat, der Offizier an der Front eine noch weit ungeheuerlichere Last. Die riesigen, endlos im Schnee verdämmernden Räume, der Todeshauch des eisigen Winters, die furchtbaren körperlichen Strapazen, die eigene, für die Front immer fühlbarer werdende materielle Unterlegenheit, das dunkle Empfinden, daß oft Unmögliches verlangt wurde, ohne daß Zeit blieb, nach der Schuld zu fragen, dies alles ließ den Krieg ungleich härter erscheinen, als es der bereits so harte Grabenkrieg der Jahre 1915/18 gewesen war. Trotzdem fühlte sich das Ostheer noch immer moralisch dem Gegner überlegen. Noch immer gab es ungezählte Beispiele heldenmütiger Standhaftigkeit auch in den dunkelsten Stunden, erstaunlicher Unbekümmertheit auch bei vorübergehender Einkesselung, bei der Abwehr immer wieder vorgetragener Massenangriffe.

Die Bilder glichen sich vor Leningrad, im Mittelabschnitt, im Süden. Am Ladogasee erwehrte sich die Heeresgruppe Nord massiver Versuche, Leningrad zu entsetzen. Weit im Süden drängten die Russen auf die Kubanmündung und den Unterlauf des Don. Brennpunkt des Ringens war jedoch noch immer die Front der Heeresgruppe Don des Generalfeldmarschalls v. Manstein am Donez und oberen Oskol. Die Heeresgruppe B war völlig zerschlagen, sie bestand nur mehr aus einer Panzerdivision bei Starobelsk und den Trümmern der 2. deutschen Armee, die bei Kursk auswich. In den alten Sektor dieser Heeresgruppe schoben sich zwischen Kursk, Belgorod und Charkow russische Divisionen. Damit drohte die Überflügelung der Heeresgruppe Don und ihre wie auch die Einkesselung der Heeresgruppe A am Asowschen Meer. Während sich im Mittelabschnitt das deutsch-russische Kräfteverhältnis etwa auf eins zu vier belief, betrug es im Südabschnitt durchweg eins zu acht. In den so düsteren Weihnachtstagen des Jahres 1942, als bei der Armeeabteilung Hollidt im Frontbalkon vor dem Donez das vom Kaukasus heraufgeworfene XXXXI. Panzerkorps des Generals v. Knobelsdorff als »Feuerwehr« eingriff und die erste Entlastung brachte, wurde die Front vielfach nur von Urlauber- und Alarmeinheiten gehalten. Erst allmählich konnte Feldmarschall

Nacht nur an der Front, auch hinter der Front war „Frontgebiet" - wegen erhöhter Partisanengefahr. Bild oben: Aufstellung eines Warnschildes. Bild rechte Seite: Partisanentrupp bei einer Einsatzbesprechung. Bereits elf Tage nach dem deutschen Angriff auf Rußland hatte Stalin seinen berühmten Befehl an die Völker der Sowjetunion erlassen: „In den vom Feind besetzten Gebieten müssen Partisaneneinheiten zu Fuß und zu Pferd gebildet werden, um überall den Feind zu bekämpfen und den Partisanenkrieg zu entfachen ... in den besetzten Gebieten müssen die Bedingungen für den Feind und seine Helfer unerträglich gemacht werden, sie müssen verfolgt und vernichtet werden, wo immer sie sich aufhalten."

v. Manstein für die Zuführung neuer Kräfte sorgen.
Wenigstens war es Generaloberst Zeitzler möglich gewesen, im letzten denkbaren Augenblick Hitler am Ende des alten Jahres die Zustimmung zur Zurücknahme der Heeresgruppe A abzuringen, die noch immer am Rand des Ostkaukasus in der Terekssteppe mit ihren Kurganen, den Grabhügeln längst entschwundener Fürstengeschlechter der Urzeit, vor Wladikawkas (Ordschonikidse) und im Westkaukasus vor den Sperren der Paßstraßen nach den Schwarzmeerhäfen festgelegen hatte. Manstein hatte gehofft, die Heeresgruppe für die Sicherung der Donfront verwenden zu können. Hitler gab nur Teile frei, mit anderen Teilen, vor allem der 17. Armee unter Generaloberst Ruoff, erhielt die Heeresgruppe Befehl, vor der Mündung des Kuban in das Asowsche Meer einen Brückenkopf zu halten. Durch die Vorspiegelung neuer Angriffsabsichten gedachte er so starke russische Kräfte zu binden, auch glaubte er, daß ein Rückzug an den östlichen Schwarzmeergestaden die Haltung der Türkei ungünstig beeinflussen würde. Die sehr schwierige Versorgung des Kubanbrückenkopfes sollte durch den Bau einer Brücke zwischen der Halbinsel Kertsch und der Tamanhalbinsel gelöst werden, ein Projekt, das alle vorhandenen Kräfte und Mittel überstieg. Hitler erklärte sich auch mit Vorschlägen Zeitzlers einverstanden, im Nord- und Mittelabschnitt der Front Verkürzungen vorzunehmen. Zwischen dem Ilmensee und Rschew wurde jene heiß umkämpfte Fronteinbuchtung begradigt, zu der Welikije Luki und Demjansk gehörten, die so viel deutsches Blut gekostet hatten, im Mittelabschnitt führte die sogenannte Büffel-Bewegung zur Aufgabe des nach Osten vorspringenden Wjasmabogens.
Die größte Sorge erweckte jedoch die Frontlücke bei Charkow, die durch den Zerfall der Heeresgruppe B entstanden war. Hitler hoffte, mit einer neugebildeten Armeeabteilung unter dem General der Gebirgstruppen Lanz, dem Erstürmer des Elbrus im Kaukasus, die von Woronesch aus auf Charkow vorgehenden Russen in der Flanke fassen zu können. General Lanz, dem man nur zerfledderte, ausgeblutete Divisionen gegeben hatte, hielt den Angriff für sinnlos und nahm statt dessen seine Armeeabteilung zurück. Nach drei Wochen wurde er abgesetzt und fiel in Ungnade. Am oberen Donez mußte sich unterdes Manstein hartnäckiger Umfassungsversuche erwehren. Russische mechanisierte Kräfte drängten über den Donez hinweg auf den Unterlauf des Dnjepr. Wiederum drohte die Aufrollung der gesamten Südfront. Um die 4. Panzerarmee für eine bewegliche Abwehr freizubekommen und die Dnjeprlinie decken zu können, verlangte Manstein nunmehr die endgültige Aufgabe des Donezgebietes und die Zurücknahme der Front auf die Miusstellung. In sechsstündiger Unterredung rang er Hitler im Führerhauptquartier am 6. Februar 1943 die Genehmigung zu diesem Schritt ab.
»Schwere Abwehrkämpfe in unverminderter Härte«, das war der Tenor der Wehrmachtberichte Anfang Februar 1943. Überall griff der Gegner an, unter schwerem Trommelfeuer, unter Mas-

seneinsatz von Panzern, in dichten Schützenwellen, bei Leningrad, am Wolchowfluß südlich der belagerten Stadt, im deutschen Frontbogen vor Orel, bei Kursk, bei Noworossisk, am Kubanbrückenkopf. Rostow und Woroschilowgrad wurden aufgegeben. Am mittleren Donez setzten in dichtem Schneetreiben das IV. Motomechanische Korps und das VII. sowjetische Garde-Kavalleriekorps über den Fluß und schickten sich zu einem weit ausholenden Umfassungsmanöver im Rücken der Armeeabteilung Hollidt am Mius an.

Mitte Februar 1943 bezog Hitler, begleitet nur von seiner engsten Umgebung mit den Generalen Jodl und Zeitzler, wieder das vorgeschobene Hauptquartier Winniza, um die kritische Situation selbst zu meistern, während die meisten Abteilungen des OKW und die Operationsabteilung des Generalstabes in Ostpreußen blieben. Charkow, das konzentrisch angegriffen wurde, ging verloren. Unter dem General der Panzertruppen Kempf wurde in diesem Abschnitt eine neue Armeeabteilung gebildet, um die Front zu schließen und Charkow zurückzuerobern. Die Lage war von tödlichem Ernst. Die 4. Panzerarmee befand sich noch im Anmarsch von Süden her. Die linke Flanke der 1. Panzerarmee war durch einen tiefen Einbruch der sowjetrussischen »Brjansk-Front« des Generals Popow aufgerissen. Bei Grischinew näherten sich russische Panzerrudel der wichtigsten Eisenbahn-Nachschubstrecke. Zwischen der 1. Panzerarmee und der Armeeabteilung Hollidt operierten das Motomechanische und das Garde-Kavalleriekorps im Rücken der deutschen Front und stießen gegen den Eisenbahnknotenpunkt Debalzewo vor. Dnjepropetrowsk schien gefährdet. Eine bei Pawlograd in Reserve stehende italienische Division flüchtete. Selbst Kiew schien möglicherweise bedroht.

Am 17. Februar erschien Hitler in Mansteins Hauptquartier Saporoschje. Er bestand auf der Rückeroberung von Charkow, hielt jedoch jetzt die Bedrohung von Kiew für primär und wollte die aus Frankreich anrollenden SS-Panzergrenadierdivisionen zunächst im Raum von Kiew ausladen lassen. Manstein übersah die Lage mit einer Gelassenheit, die dem preußischen Heerführer Moltke Ehre gemacht hätte. Er gedachte den Gegner ruhig möglichst weit nach Westen vorlaufen zu lassen und dafür die geeigneten Eingreifkräfte möglichst weit nach Osten vorzuziehen. Hitler beharrte darauf, die SS-Divisionen müßten im Raum Kiew auswaggoniert werden. Manstein und sein Stabschef Busse waren sich einig, daß Gegenvorstellungen nichts fruchteten. Sie hatten Meldungen, daß russische Panzer sich Saporoschje näherten, und überzeugten Hitler, im Interesse seiner eigenen Sicherheit sei es besser, wenn er wieder nach Winniza zurückflöge, man könne nicht wissen, wie lange der Flugplatz Saporoschje noch benutzbar sein würde. Hitler flog zurück. Während seine Reisemaschine über die verschneiten Ebenen dröhnte, ließ Manstein die Befehle hinausgehen, die die SS-Divisionen nach Osten vorzogen. Die Transporte waren im Rollen, als Hitler von Winniza aus wieder anrief. Die Operation zur Bereinigung des feindlichen Einbruches zwischen Donez und Dnjepr lief, das SS-Panzerkorps wurde der Armeeabteilung Kempf zugeführt. Am 21. Februar tauchten tatsächlich russische Panzer dicht vor Saporoschje auf. Allein Manstein setzte nun seine Kräfte auf dem Nordflügel bei Achtyrka zu einem Umfassungsmanöver an. Am 26. Februar begann die Schlacht zwischen Dnjepr und Donez. Eine Schützen- und eine Gardearmee der »Brjansk-Front« wurden zerschlagen, ein sowjetisches Panzerkorps vernichtet, fünf andere zum Rückzug gezwungen. Am 2. März 1943 setzte Manstein zur Ausnutzung des Abwehrerfolges zu einer »Retour offensif« – einem offensiven Rückzug – an, wie sie dem Prinzip der raumgreifenden, elastischen Verteidigung in Ausweichen und Gegenstoß entsprach. Die weit nach Westen vorgeprellten feindlichen Kräfte wurden aufgerieben, der Stoß auf Charkow begann. Bei Isjum wurde der Gegner über den Donez zurückgeworfen, ein sowjetisches Panzerkorps vernichtet. In breiter Front erreichten die Angriffsverbände trotz Regen und Schlamm wieder den Donez. Darauf stießen sie auch nordwestlich Charkow vor. Die 3. sowjetische Panzerarmee wurde eingekesselt. Am 14. März nahm General Kempf Charkow wieder.

Am Kubanbrückenkopf verteidigten

Nach Stalingrad kam die Lieferung alliierter Rüstungsgüter an die Sowjetunion, die im ersten Jahr des Rußlandkrieges eher spärlich geflossen war, im großen Stil in Gang. Bild links: ein sowjetischer Panzer amerikanischer Herkunft ist dicht vor den deutschen Stellungen durch Panzerfausteinsatz gestoppt worden.

Bild rechte Seite: Der „größte Feldherr aller Zeiten“ zeichnet neue Angriffspläne auf seine Rußlandkarte. Bald würde keine Lupe mehr nötig sein, um den Ernst der Lage zu erkennen. Sie war, mit den Worten Mansteins, schon 1943 „überall unter aller Sau“.

Keine Freunde unter der Generalität

Goebbels-Tagebuch, 2.3.1943

Daß die Vorgänge an der Ostfront während des vergangenen Winters zu einer schweren Vertrauenskrise geführt haben, ist Göring klar. Die Generalität setzt alles daran, diese Vertrauenskrise auf den Führer abzuwälzen. Sie nimmt jetzt Rache für den Winter 41/42, wo sie durch die Maßnahmen des Führers so ins Unrecht gesetzt wurde.

Für den einzigen offenen und vertrauenswürdigen Charakter im Führerhauptquartier hält Göring General Schmundt. Die andere Generalität, zum Teil auch die an der Front, nutzt die Situation aus und macht dem Führer Schwierigkeiten über Schwierigkeiten. So hat Manstein sich z.B., wie Göring mir sagt, einmal dazu hinreißen lassen, ... dem Führer die Niederlegung des Oberbefehls nahezulegen. Es ist zwar nicht dazu gekommen, da er vorher schon bestandpunktet wurde, aber der Führer hat das doch erfahren und Manstein gegenüber daraus seine Konsequenzen gezogen. Der Führer hatte eigentlich die Absicht, bei seiner Reise an die Südfront Manstein abzusetzen, hat aber vorläufig diese Absicht noch nicht verwirklicht. Jedenfalls müssen wir uns bei der alten Wehrmacht- bzw. Reichswehrgeneralität vorsehen. Gute Freunde besitzen wir unter ihr nur sehr wenige. Sie versuchen, einen unter uns gegen den anderen auszuspielen. Jedenfalls gebe ich mich zu einer so fragwürdigen Angelegenheit nicht her.

Wir besprechen auch ausführlich den Fall Paulus, der von Göring in der schärfsten Weise kritisiert wird. Er berichtet mir, daß auch der Führer heute zu der Überzeugung gekommen ist, daß Paulus sich feige in sowjetische Gefangenschaft begeben hat. Göring erwartet, daß dieser gefangene Generalfeldmarschall sehr bald als Sprecher im Moskauer Rundfunk erscheinen wird. Das wäre ja das tollste Stück, das man sich überhaupt nur vorstellen kann.

Göring ist sich vollkommen im klaren darüber, was uns allen drohen würde, wenn wir in diesem Krieg schwach würden. Er macht sich darüber gar keine Illusionen. Vor allem in der Judenfrage sind wir ja so festgelegt, daß es für uns gar kein Entrinnen mehr gibt. Und das ist auch gut so. Eine Bewegung und ein Volk, die die Brücken hinter sich abgebrochen haben, kämpfen erfahrungsgemäß viel vorbehaltloser als die, die noch eine Rückzugsmöglichkeit besitzen.

sich die 17. deutsche Armee und rumänische Divisionen weiterhin mit äußerster Zähigkeit gegen den Ansturm von sieben sowjetischen Schützenarmeen. Auf beiden Seiten machte sich im allgemeinen jedoch jetzt das Bedürfnis nach einer Kampfpause geltend. Die Sowjets stellten auch die Angriffe im Mittelabschnitt ein. Am 26. März 1943 hieß es zum ersten Mal seit vielen Monaten wieder im Wehrmachtbericht: »An der gesamten Front verlief der Tag ohne besondere Ereignisse.« Die Urlaubssperre für die Ostfront wurde aufgehoben. Noch einmal war es unter Anspannung aller Kräfte und unter schweren Verlusten gelungen, die Zertrümmerung der Ostfront zu verhindern. Die große Frage war, ob man sich 1943 an der Ostfront auf die Defensive beschränkte oder noch einmal den Versuch wiederholte, die Initiative wiederzugewinnen. Manstein schlug vor, gegenüber den am Donez erkennbar werdenden feindlichen Kräftekonzentrationen, die auf eine Offensive schließen ließen, auszuweichen, dafür bei Charkow weit ausholend zum Angriff überzugehen und den nach Westen vorprellenden russischen Angriffsflügel einzukesseln. Hitler verwarf den Vorschlag, vielleicht, weil ihm die schwer zu sichernde Nordflanke dieser Operation Kopfzerbrechen bereitete. Ihm fiel vor allem der rund 100 Kilometer nach Westen vorspringende russische Frontbogen im Raum von Kursk auf. Durch eine Zangenbewegung der Heeresgruppen Mitte und Süd schien es möglich, diesen Frontvorsprung abzuschneiden und damit dem Gegner einen schweren, vielleicht tödlichen Schlag zu versetzen.

Doch die Voraussetzungen für die Siege der Panzerdivisionen hatten sich seit 1940/41 grundlegend gewandelt. Das Moment der Überraschung, die uneingeschränkte Luftherrschaft, existierte nicht mehr. Die Panzerwaffe hatte materiell wie personell schwere Verluste erlitten. Im Februar 1943 hatte sich Hitler veranlaßt gesehen, Generaloberst Guderian, den er im Dezember 1941 vor Moskau nach Hause geschickt hatte, wieder heranzuholen, um der Panzertruppe eine neue Gestalt zu geben. Hitler versprach sich Wunderdinge von der

Einführung neuer Panzertypen, des Panzers V »Panther« und des Panzers VI »Tiger«, des überschweren Jagdpanzers »Ferdinand«, des ferngelenkten Kleinpanzers »Goliath« mit einer Sprengstoffladung, der gegen feindliche Stellungssysteme gehetzt werden sollte. Noch 1941 hatte er weniger nach dem Material gefragt als nach der phantasievollen Nutzung der Faktoren Zeit und Raum.

Am 15. April 1943 wurde mit dem Operationsbefehl Nr. 6 das Unternehmen »Zitadelle« befohlen, der Zangenangriff auf den Kursker Bogen. Dafür wurden bei der Heeresgruppe Süd fünf Panzer-Generalkommandos mit sieben Panzerdivisionen und zwei Panzergrenadierdivisionen – der neuen Bezeichnung für die alten motorisierten Divisionen – sowie ein SS-Panzerkorps mit drei Panzer- und einer Panzergrenadierdivision versammelt. Die neue Südgruppe verfügte in dieser Aufstellung schließlich über 1137 Panzer aller Typen.

Im Norden stellte die »Gruppe Weiß«, die 9. Armee unter Generaloberst Model, drei Panzerkorps mit sechs Divisionen und einer Panzergrenadierdivision bereit. Die Panzerstärke betrug ungefähr 900 Stück.

Hitlers Ansicht nach würde der Gegner sämtliche Reserven in den Kursker Bogen stopfen. Wurden diese dann zerschlagen, war die sowjetische Offensivkraft für das Jahr 1943 gelähmt. Die Sowjets wiederum rechneten mit gutem Grund damit, Hitler werde sich die Gelegenheit, eine Kesselschlacht auf begrenztem Raum zu schlagen, nicht entgehen lassen. »Zitadelle« konnte daher nur dann Aussicht auf Erfolg haben, wenn man so rasch wie möglich zuschlug und dem Gegner keine Zeit zur Organisation der Verteidigung ließ. Daran war bei dem schlechten Mannschaftsbestand der Truppe, angesichts schleppender Zuführung der neuen Panzer, angesichts des umständlichen Versorgungsaufmarsches nicht zu denken. Hitlers Lieblingskind, der »Panther«, war noch nicht einmal voll erprobt worden und galt als nicht frontreif. Termine wurden aufgestellt und verschoben: der 15. Mai, der 12. Juni, der 20. Juni. Endlich wurde der 5. Juli 1943 als Angriffstag bestimmt.

Als es eng wurde an der Ostfront, opferte man in Berlin die arroganten großgermanischen Prinzipien, die dem Einsatz „rassisch bedenklicher" potentieller Verbündeter bislang entgegengestanden hatten, den Erfordernissen der Lage. In den besetzten Gebieten wurden fieberhaft Freiwillige für den „Kampf gegen den Bolschewismus" angeworben. Bild oben: Vereidigung einer ukrainischen Kompanie im Donezgebiet. Bild rechte Seite: in der Partisanenbekämpfung eingesetzte Tscherkessen-Brigade.
Ende 1944 wurde unter dem ehemaligen sowjetischen Generalleutnant Wlassow sogar eine antisowjetische „russische Befreiungsarmee" aufgestellt. Im Bild ganz oben Andrej Wlassow bei der Inspektion seiner Truppen.

Man hat viel darüber orakelt, der ganze Angriffsplan sei von Anbeginn an verraten worden. Mag sein, daß Stalin durch seine zahllosen Agenten frühzeitig von »Zitadelle« erfahren hat. Doch der sowjetischen Boden- und Luftaufklärung, den zahlreich im rückwärtigen deutschen Heeresgebiet aktiven Partisanen konnte der umständliche und umfängliche deutsche Aufmarsch im Süden und Norden der Kursker Linie nicht verborgen bleiben. Zur Versammlung der Panzerkräfte kam ein großer Bodenaufmarsch der Luftwaffe. Die Luftflotte 4 stellte im Süden etwa 1100 Maschinen bereit, die Luftflotte 6 für Models Gruppe 740 Maschinen. Als Neuheit konnten zum erstenmal fünf Panzerjagdstaffeln eingesetzt werden.

Der Gegner – im Süden die »Woronesch-Front« des Armeegenerals Watutin, im Norden die »Zentralfront« des späteren Marschalls Konstantin Konstantinowitsch Rokossowski – hatte Zeit genug zum Ausbau eines 20 bis 25 Kilometer tief gestaffelten Feldbefestigungssysteme mit Minenfeldern, Panzerabwehrstützpunkten, eingegrabenen schweren Panzern als Bunker- und Batteriestellungen. Nach deutscher Schätzung standen für die Errichtung einer Wand aus Feuer und Stahl gegen die deutschen Panzer ein Artilleriekorps, eine Artilleriedivision, drei Artilleriebrigaden, neun Artillerieregimenter, sechs Werfer- und sieben Granatwerferbrigaden, drei Panzerabwehrbrigaden und vierzehn Panzerabwehrregimenter bereit. Dahinter starke gepanzerte Eingreifverbände. Neu war der Einsatz von Artilleriegroßverbänden, neu das Eingraben von Panzern als Bunker. Hinter den beiden Fronten befand sich die Steppenfront des Generalobersten Iwan Stepanowitsch Konjew als Hauptreserve.

Aber es war zu spät, als der Angriff am 4./5. Juli 1943 bei Manstein und Model anrollt. Die Luftflotten 4 und 6 fliegen einen gewaltigen »Angriffswirbel« gegen das Hinterland, dann greifen ihre Verbände in den Erdkampf ein, um den Panzern den Weg zu bahnen. Für einige Tage hält die Luftwaffe die Herrschaft über dem Kursker Bogen, dann lähmt Treibstoffmangel ihre Schwingen. Die Panzerjagdstaffeln bewähren sich. Die andere Novität, die Model zugeteilten zwei Fernlenkkompanien mit »Goliaths«, richtet wegen technischer Mängel der kleinen Sprengträger nicht viel aus.

Der Einbruch in die sowjetischen Stellungen gelang im Süden wie im Norden, der Durchbruch, die Wegnahme der stark befestigten Schlüsselpositionen bei Obojan im Süden, bei den Höhen von Ponyri und Teploje im Norden, ge-lang nicht. Da die sowjetische Führung sehr rasch, sowie sich die deutschen Angriffe im Stellungsgewirr festfuhren, ihre Eingreifverbände, Panzer und Infanterie in den Kampf warf, entwickelten sich vor allem im Süden große Panzergefechte im welligen Steppengelände. Die deutschen Panzer erlitten empfindliche Verluste – denkt man an die prekäre Ersatzlage –, die sowje-tischen Verluste lagen eindeutig höher. Manstein, der noch ein Panzerkorps in Reserve hielt, war überzeugt, daß der Gegner seine letzten Reserven bereits aufgebraucht hatte. Die Schlacht schwankte – man mußte sie durchschlagen.

Im Norden war Model mit dem Einsatz der Panzer zunächst vorsichtiger, im ersten Treffen fuhr nur eine Division, erst mußten Pioniere, Artillerie, Sturmgeschütze Breschen in die sowjetischen Stellungen schlagen, dann sollten das zweite und dritte Treffen angreifen. Die Einbrüche gingen bis zu acht Kilometern in die Tiefe. Dann blieben sie liegen. Die Sowjets antworteten mit heftigen Gegenstößen, zwangen die Angreifer wieder in die Verteidigung. Schließlich gelangte Model am 9. Juli zu der Überzeugung, in dieser »Materialabnutzungsschlacht« nütze der Masseneinsatz der Panzer nichts, zumal die Ausbildung in der Funkführung zu wünschen übriglasse, die Panzer sollten in kleinen Gruppen der Infanterie als Hilfswaffe dienen – wie einst anno 1918 im Ersten Weltkrieg.

Dann platzte in alle Überlegungen bei Model über die Verlagerung des Angriffsschwerpunktes, die Heranführung der letzten Reserven, am 11. Juli 1943 die Meldung von Teilangriffen der Sowjets in seinem Rücken, im Orelbogen. Am 12. Juli brach hier eine sowjetische Großoffensive los, die zu tiefen Einbrüchen und schweren Krisen bei der 2. Panzerarmee führte.

Model mußte alle Angriffe einstellen, mußte Verbände abziehen, um im Orelbogen das Schlimmste zu verhüten. Hitler, den am 10. Juli die Nachricht erreichte, die Alliierten seien auf Sizilien gelandet, die italienische Verteidigung breche rasch zusammen, entschloß sich am 13. Juli 1943, »Zitadelle« einzustellen.

Bei Belgorod und Charkow begann eine zweite russische Gegenoffensive mit der »Woronesch«- und der »Steppe-Front«. Am 17. Juli begann gleichzeitig die Doppelschlacht am Donez und Mius zur Rückeroberung des Donezbeckens. Ein tiefer feindlicher Einbruch bei der 6. Armee konnte noch einmal mit Unterstützung durch das I. SS-Panzerkorps und die 23. Panzerdivision beseitigt werden. Vom 22. Juli an entbrannte eine neue schwere Abwehrschlacht südlich des Ladogasees, wo die Russen den Ring um Leningrad aufsprengen wollten. Vier Tage zuvor hatte bereits ein neuer Großangriff bei Staraja Russa südlich des Ilmensees eingesetzt. Brennpunkt des Ringens blieb einstweilen der deutsche Frontbogen bei Orel, wo die Russen unter Einsatz ungeheurer Menschen- und Materialmassen versuchten, alles, was an deutschen Kräften in diesem Bogen steckte, abzu-

T-34 gegen Tiger

Bericht des sowjetischen Generals Rotmistrow von der Kursker Schlacht

Die Panzer bewegen sich in Rudeln unter dem Schutz kleiner Wäldchen und Hecken über die Steppe. Die Abschüsse der Geschütze vereinigen sich zu einem mächtigen, anhaltenden Dröhnen. Die sowjetischen Panzer stoßen in voller Fahrt auf die deutschen Vorausabteilungen und durchbrechen den deutschen Panzerschleier. Die T-34 schießen auf geringe Entfernung Tiger ab, denen im Nahkampf ihre starke Bewaffnung und mächtige Panzerung keinen Vorteil mehr bringt. Die aus nächster Entfernung abgeschossenen Granaten durchschlagen sowohl die Seiten- wie auch die Stirnpanzerung der Kampfwagen. Auf diese Entfernung gibt es keinen Panzerschutz mehr, und die Länge der Rohre ist nicht mehr entscheidend. Häufig explodieren dabei Munition und Betriebsstoff, und abgerissene Panzertürme werden Dutzende Meter weit geschleudert. Über dem Gefechtsfeld entbrennen gleichzeitig erbitterte Luftkämpfe. Sowohl die sowjetischen als auch die deutschen Flieger wollen ihren Erdtruppen helfen, die Schlacht zu gewinnen. Die Bomber, Schlacht- und Jagdflugzeuge scheinen am Himmel über dem Frontabschnitt von Prochorowka festzuhängen. Ein Luftkampf folgt dem anderen. Bald ist das ganze Firmament vom schweren Rauch der Brände überzogen. Auf der schwarzen, verbrannten Erde lodern die abgeschossenen Panzer wie Fackeln. Es ist schwer festzustellen, welche Seite angreift und wer sich verteidigt. Das II. Bataillon der 181. Panzerbrigade des XVIII. Panzerkorps, das am linken Ufer des Psiol angreift, stößt auf eine Gruppe Tiger, die das Feuer auf die sowjetischen Panzer aus dem Halt eröffnet. Die starken und weitreichenden Kanonen der Tiger sind sehr gefährlich, und die sowjetischen Panzer müssen so schnell wie möglich die Entfernung verkürzen, um diesen Vorteil des Gegners auszuschalten. Der Bataillonskommandeur Hauptmann P. A. Skripkin befiehlt: »Vorwärts, mir nach!« Die erste Granate des Kommandeurpanzers durchschlägt die Seitenwand eines Tiger. Sogleich eröffnet ein anderer Tiger das Feuer auf Skripkins T-34. Eine Granate durchschlägt die Seitenwand, und ein zweiter Treffer verwundet den Bataillonskommandeur. Der Fahrer und der Funker ziehen ihren Kommandeur aus dem Panzer und bringen ihn in einen Granattrichter in Deckung. Als ein Tiger direkt auf sie zurollt, springt der Tankist Alexander Nikolajew wieder in seinen angeschossenen, schon rauchenden Panzer, wirft den Motor an und stürmt dem Gegner entgegen.
Wie ein lodernder Feuerball jagt der T-34 über das Feld. Der Tiger stoppt. Aber es ist zu spät. Der brennende Kampfwagen fährt in voller Fahrt gegen den deutschen Panzer. Eine Detonation läßt den Boden erbeben.

Im Juli 1943 versuchte die Wehrmacht mit einer großangelegten Offensive dreier deutscher Armeen unter dem Oberbefehl des Generalfeldmarschalls von Kluge gegen den weit nach Westen vorspringenden Frontbogen vor Kursk, die Initiative an der Ostfront zurückzugewinnen („Unternehmen Zitadelle"). 2000 Panzer wurden auf deutscher Seite dabei eingesetzt, darunter erstmals 90 schwere, selbst dem „T 34" (Bild links) überlegene Panzer des Typs „Tiger I" (Bild oben).

schneiden und ein zweites »Stalingrad« herbeizuführen.
In diese Ereignisse traf die Nachricht vom Sturz Mussolinis. Bei der mittäglichen Lagebesprechung an jenem schicksalsreichen 25. Juli 1943 hatte Zeitzler den Vorschlag unterbreitet, Verbände der Heeresgruppe Mitte an die Heeresgruppe Süd abzugeben. Am Abend lag die Nachricht vom Staatsstreich in Italien vor. Hitler wollte darauf Manstein die SS-Divisionen, vor allem die »Leibstandarte«, nehmen, von dem Erscheinen einer solchen »politischen Division« in Italien versprach er sich Wunder. General Model rang unterdes Hitler die Zustimmung ab, seine beiden Armeen aus dem Orelbogen herauszunehmen und sie in die vorbereitete Sehnenstellung an dessen Basis zu führen. Am 3. August wurde Orel, nur mehr ein Trümmerhaufen, aufgegeben. Von Orel stießen russische Verbände auf Brjansk, das verlorenging, allein zwei Armeen waren vor der Umklammerung bewahrt geblieben. Drei Tage später, am 6. August, ging auch Belgorod verloren, der zweite Ausgangspunkt der deutschen Offensive. Am selben Tag begann ein russischer Großangriff im Raum von Wjasma, um die Rollbahn nach Smolensk einzunehmen. Die neue Schlachtenfolge glich der des Winters an Intensität.
Generaloberst Zeitzler sah die alte Gefahr des Winters 42/43 erneut heraufziehen, daß die Verbindung zwischen den Heeresgruppen Mitte und Süd zerriß, daß der Gegner an der Nahtstelle auf Kiew durchbrach und die Heeresgruppe Süd gegen das Asowsche Meer abdrängte. Zeitzler wollte jetzt rechtzeitig das Donezgebiet und den Kubanbrückenkopf räumen, am Dnjepr eine starke Auffangstellung ausbauen und die gesamte Südfront einheitlich Manstein unterstellen. Hitlers Mißtrauen gegen diesen war unüberwindlich. Was er genehmigte, war einzig der Aufbau der Dnjeprstellung, ein Plan, für dessen Verwirklichung einmal Arbeitskräfte fehlten und zum zweiten die Zeit, da der Gegner den deutschen Armeen keine Atempause mehr ließ. Hitler wei-

gerte sich, auf das Donezgebiet und den Kubanbrückenkopf zu verzichten. Das Donezgebiet war ein Zentrum der russischen Industrie. Die Kubanstellung besaß in seinen Augen entscheidende Bedeutung für die Haltung der neutralen Türkei, die als Chromlieferant unentbehrlich war und die noch immer als Bündnispartner umworben wurde. Als die Offensive gegen den Kursker Bogen begann, hatte gerade eine türkische Offiziersabordnung unter Führung des Generalobersten Toydemir nach einer Inspektion des »Atlantikwalles« die Ostfront besucht. Zeitzler bekam von Hitler zu hören, er, der Generalstabschef, brauche keine Nervenkrise durchzustehen, er solle sich vom Gegner nicht zu sehr beeindrucken lassen. Mit seiner dämonischen Kraft lehnte sich Hitler jetzt gegen die Wirklichkeit auf. In Wahrheit bedeutete die große Sommerschlacht im Kursker Bogen für das Ostheer den Beginn der tödlichen Krise. Während der Gegner ständig an Angriffskraft gewann, erlahmte die Kraft der deutschen Panzerwaffe und der Infanterie, die sich nach den letzten Winterschlachten noch einmal erholt hatten, mehr und mehr. Selbst wenn man berücksichtigte, daß die Stärke der russischen Schützendivisionen erheblich unter der einer etatmäßigen deutschen Infanteriedivision lag, daß die russische Armee einem deutschen Korps, die »Front« höchstens einer Armee, das sowjetische Panzerkorps mit etwa hundert Panzern durchschnittlich einer deutschen Panzerdivision gleichzusetzen war, so blieb bei dem steten Zusammenschmelzen der deutschen Verbände die gegnerische Überlegenheit ungeheuer.

Die Trümmer zerschossener oder ausgebrannter deutscher Panzer und Sturmgeschütze um Malo-Archangelsk und Ponyri und um Obojan und Schebekino nördlich und südlich von Kursk waren als stumme Zeugen der letzten großen deutschen Offensive im Osten zurückgeblieben. Aber noch immer verlief die deutsche Front im August des Jahres 1943 in weitem Bogen vom Finnischen Meerbusen südlich Leningrad längs des Wolchow zum Ilmensee, westlich an Wjasma und Orel vorbei bis nach Charkow und von dort am Donez und am Mius bis hinab zur dürren Salzsteppe am Asowschen Meer.

Die Landmarken in den unermeßlichen Ebenen des Ostens waren die Flußläufe. 1942 hatten das träge, sich in so vielen Windungen dahinschleppende, breite Band der Wolga und die waldigen Ufer des Terek vor dem östlichen Kaukasus die äußerste Grenze des deutschen Machtbereiches gebildet. 1943 konzentrierte sich das Ringen zunächst um die Wasserscheiden von Oka und Snowa, Psiol und Sejm nördlich und südlich Kursk, dann um die Behauptung von Donez und Mius im Süden, schließlich um die Behauptung der Dnjeprlinie. Die pausenlosen sowjetrussischen Großangriffe auf die zunächst die Last der Kämpfe allein tragende Heeresgruppe Süd führten unter gewaltigem Materialeinsatz zu einer ununterbrochenen Schlachtenfolge, bei der sich die deutschen Armeen immer wieder mühten, durch die Zusammenfassung aller noch verfügbaren gepanzerten und beweglichen Kräfte russische Durchbrüche abzuriegeln oder im Gegenstoß zu berei-

Die Rote Armee, von den deutschen Angriffsplänen durch Partisanen bestens unterrichtet, konnte den Stoß vor Kursk auffangen. Nach tagelangen mörderischen Kämpfen, die den Deutschen nur geringe Geländegewinne gebracht hatten, blieb die Offensive stecken. Im Gegenangriff konnten die Russen auch diese größte Panzerschlacht des Krieges, an der 6000 Panzer und fast 2 Millionen Mann beteiligt waren, für sich entscheiden.
Bild oben: Landser bergen tote und verwundete Kameraden.
Bild rechte Seite: Generaloberst Walter Model, Oberbefehlshaber der 9. Armee in der Kursker Schlacht.

nigen, den Zusammenhang der Front zu wahren und die russische Angriffskraft endlich zum Erlahmen zu bringen. Da dies nicht gelang, da sich der Sturm ständig steigerte, wichen die deutschen Armeen langsam, aber ständig nach Westen zurück, von einer Flußbarriere zur anderen. Das aber bedeutete wiederum auch den Kampf mit der wirklichkeitsfremden obersten Führung, die alle Anträge auf rechtzeitige Absetzbewegungen ablehnte, die immer wieder, vielleicht bewegt von Hitlers Erinnerungen an die Erstarrung der Fronten im Schützengrabenkrieg von 1915/18, das Halten auch der ungünstigsten Linien verlangte, so daß die Armeeführer genötigt waren, auf eigene Verantwortung für die rechtzeitige Rückführung der unentbehrlichen Sanitäts- und Nach-

schubformationen Sorge zu tragen und im offenen Gelände der großen Steppen beiderseits des Dnjepr für den Bau hastig gewählter, behelfsmäßiger Auffangstellungen zu sorgen.

Der Rückzug begann Anfang September. Nach dem Zeugnis Feldmarschalls v. Manstein war es kein Rückzug, sondern eine ununterbrochene Schlacht. Pausenlos drängte der Gegner nach, es gab keine Reserven, die man aussparen konnte, keine frischen Divisionen im Rücken rechts des Dnjepr, die die zurückgehenden Verbände aufnehmen konnten. Umfangreiche Zerstörungen militärisch wichtiger Anlagen sollten dem Gegner die Verfolgung erschweren und die rasche Nutzung des Donezreviers verhindern. Mit der Bahn versuchte man wertvolle Fabrikeinrichtungen, Maschinenparks der Bauindustrie, Rohstofflager und Getreidevorräte abzutransportieren. Die Arbeiterschaft wichtiger Industriezweige wurde nach hinten verbracht. Die Evakuierung wehrfähiger Einwohner empfahl sich schon aus dem Grunde, weil der Gegner oftmals in zurückeroberten Ortschaften die männliche Bevölkerung bewaffnete und rücksichtslos in die Feuerlinie warf. Riesige Viehherden aus den fruchtbaren Schwarzerdegebieten wurden gen Westen getrieben. Vielfach folgten nicht nur die landeseigenen Freiwilligenverbände, die ukrainischen Polizeikompanien, die Kosakenregimenter und Turklegionen dem deutschen Rückzug, sondern auch die Landbevölkerung, die die Wiederkehr der roten Kommissare fürchtete. Deutsche Kraftfahrkolonnen, Panzerverbände, Artillerieregimenter, Trosse mit russischem Hilfspersonal, Geleitzüge der deutschen Gebiets- und Landwirtschaftsverwaltung, Verbände der von Fritz Todt aufgestellten (technischen Hilfs)-Organisation (OT) und Polizeiformationen – all dies flutete gen Westen, durchsetzt mit unübersehbaren Flüchtlingszügen. Sprungartig verlegte die Luftwaffe ihre Bodenorganisation zurück. Die düstere Kulisse für diesen Völkeraufbruch bildeten brennende Dörfer und Landstädte am Horizont und die dumpfen Detonationen der Sprengungen deutscher Pioniere.

Die Kommentare des OKW sprachen jetzt vom »Kampf um das Vorfeld Ukraine« in beweglicher Verteidigung. Die Beweglichkeit der Verteidigung existierte nicht einmal. Vielsagend wies jedoch die deutsche Presse zum erstenmal darauf hin, daß man den Ernst der Lage im Osten nicht verkennen dürfe.

In der ersten Hälfte des Oktober 1943 ging Newel durch einen tiefen Einbruch verloren. Die Verlautbarungen der Wehrmachtberichte wurden fast monoton in der steten Wiederholung der Meldungen von russischen Massenangriffen mit Hunderten von Panzern unter dem Donner Tausender von Geschützen und dem Heulen Tausender von Stalinorgeln, in der immer wieder erneuerten Aufzählung russischer Einbrüche, deutscher Maßnahmen zur Abriegelung der Einbruchstellen, zum Auffangen des Gegners in der Tiefe des Kampffeldes oder Gegenstößen zur Wiederherstellung der alten Front. Zahlreiche Divisionen wurden lobend genannt. Oft waren sie bereits völlig ausgebrannt, zerschlissen, zu Kampfgruppen zusammengeschmolzen, wenn ihre Nummer mit der Angabe, aus welchen deutschen Landschaften oder Stämmen ihr Ersatz sich rekrutierte, im Wehrmachtbericht erschien.

Im Oktober überschritt der Gegner an vielen Stellen zwischen Krementschug und Dnjepropetrowsk den ungewöhnlich wenig Wasser führenden Dnjepr. Der Versuch, Kiew zu umgehen und von Westen zu nehmen, scheiterte. Aber der russische Brückenkopf südlich von Kiew war nicht mehr einzudrücken. Die deutsche Luftaufklärung meldete neue ungewöhnlich starke Massierungen von Panzer- und Artillerieeinheiten in diesem Brückenkopf. Dann fiel der erste Schnee und ließ erkennen, daß es sich um ein Täuschungsmanöver handelte. Das Gros dieser Kräfte bestand aus Holzattrappen. Einem Aufklärer des VIII. Fliegerkorps gelang die Feststellung, daß der Gegner bei Nacht mit Tausenden von Lastkraftwagen, die mit vollem Licht fuhren, seine Verbände umgruppierte und sich im zweiten Brückenkopf nördlich von Kiew zum Angriff bereitstellte. Von hier aus erfolgte Anfang November ein neuer Großangriff: Kiew, die Hauptstadt der Ukraine, die seit 1941 in deutscher Hand gewesen war, fiel.

Während der Nordflügel Mansteins nun weit nach Westen zurückgedrückt worden war, hielt die rechts an die 4. Panzerarmee sich anschließende 8. Armee unter General Wöhler noch zwischen Tscherkassy–Tschernigow am Dnjepr. Daran schloß sich die 1. Panzerarmee, dann folgte die 6. Armee. Seit Mitte September war die Verteidigung des eigentlichen Dnjeprknies, des Unterlaufs des Dnjepr und der Krim der alten Heeresgruppe A, später Heeresgruppe »Süd-Ukraine« genannt, unter Feldmarschall v. Kleist anvertraut, dem die

6. und 17. Armee unterstellt wurden und der sein Hauptquartier in Nikolajew nahm. Mitte Oktober war bereits Saporoschje, Mansteins altes Hauptquartier, verlorengegangen. Nur am Unterlauf des Dnjepr wurden die Brückenköpfe Nikopol und Cherson weiter behauptet, um hier am Rand der Nogaiersteppe den Russen den Einbruch in den Raum nördlich der Krim zu verwehren. Die Krim war jedoch bereits bedroht durch russische Landeunternehmen auf der Halbinsel Kertsch und Angriffe gegen die Landenge von Perekop. Die 17. Armee ging ihrer Einschließung entgegen.

In Nikopol begann jetzt der Aufstieg des Generals Ferdinand Schörner, des Mannes, der der Prototyp Hitlerscher Generale wurde, der alle Voraussetzungen dafür mitbrachte, die Herkunft aus bescheidenen Verhältnissen, hemmungslosen Ehrgeiz, unleugbares taktisches Geschick, bedenkenlose Rücksichtslosigkeit. Schörner, gebürtiger Bayer – auch dies war wichtig bei der Vorliebe Hitlers für die Süddeutschen –, hatte Volksschullehrer werden wollen und war im ersten Weltkrieg Reserveoffizier geworden. Im selben Gebirgsregiment wie Rommel stehend, hatte er den Monte Matajur mitgestürmt, die Tat, die Rommel den Pour le mérite gebracht hatte. Er war in der Reichswehr geblieben. Bei den Wehrkreislehrgängen für die Generalstabsausbildung hatte er den Anforderungen nicht entsprochen, eine Tatsache, die einen Stachel in seiner Brust zurückließ, ein heftiges Ressentiment gegen die vornehm sich abschließende Kaste, die ihn abgelehnt hatte. Er war andere Wege gegangen, er hatte sich als gläubiger Katholik, als Verehrer des bayerischen Thronprätendenten Kronprinz Rupprecht gegeben, solange dies in Bayern opportun war. Dann, als der Nationalsozialismus die Macht erlangte, hatte er Sorge getragen, daß er sich als überzeugter Nationalsozialist empfahl. Der Frontbalkon Nikopol, diese strategisch so einzigartig unsinnige Position, die Hitler halten wollte, gab ihm nun die Möglichkeit, sich in das hellste Licht zu setzen, wobei er ebensoviel taktisches wie politisch-propagandistisches Geschick an den Tag legte und einen eiser-

Die Verbündeten der Deutschen an die Front! Diese Devise wurde zu Beginn des Rußlandfeldzuges noch hauptsächlich zu dem Zweck ausgegeben, einen optischen Eindruck vom „Kampf Europas gegen den Bolschewismus" zu erzeugen. Bilder oben: Hitler bei einem Besuch der Ostfront mit Mussolini und mit dem finnischen Marschall Mannerheim. Bild rechts: Fahnenträger der spanischen „Division Azul" („Blaue Division"), die Franco im August 1941 an die Ostfront entsandt hatte. Bis zu ihrer Ausschiffung nach Spanien von Königsberg aus (Oktober 1943) waren an die 7000 Mann dieser mit großer Tapferkeit kämpfenden Einheit gefallen.

nen Gehorsam wie eine eiserne Härte bewies.
Unterdes ging die große Schlacht im Osten ihren gnadenlosen Gang. Westlich Kiew griffen Watutins Panzerbrigaden und Schützendivisionen trotz Schlamm und Schneeregen weiter an. Zwischen dem 3. und 13. November 1943 brachen sie in Richtung der alten polnisch-russischen Grenze auf Schitomir, Korosten und Berditschew durch. Gleichzeitig schlug die 4. deutsche Armee unter Generaloberst Heinrici an der Smolensker Rollbahn vier schwere Abwehrschlachten. Am 19. November 1943 eroberte die 4. Panzerarmee unter Generaloberst Hoth Schitomir zurück. Für die Kampftage zwischen dem 9. und 15. November 1943 meldete das OKW, der Gegner habe 20 000 Tote, 4800 Gefangene, 603 Panzer und 1505 Geschütze verloren.
Es war eine Atempause. Die Schlammperiode des Vorwinters ließ die Kampfhandlungen zum Stillstand kommen. Watutin zog sich nach Kiew zurück. Die deutsche Front im Süden bot ein geradezu unwahrscheinlich anmutendes

Bild. Während sie östlich Schitomir weit nach Westen zurückgebogen war, stand die 8. Armee noch immer im Raum von Tscherkassy am Dnjepr. Die Stadt Tscherkassy wurde bis Mitte Dezember gehalten. Südlich Tscherkassy bog sich die Front wiederum bis auf Kirowograd zurück, wo Panzerdivisionen in hin und her wogenden Kämpfen den Gegner aufzufangen suchten, die 6. Armee stand noch am Unterlauf des Dnjepr. Kurz vor Weihnachten 1943 wurde der Brückenkopf Cherson geräumt, da der Dnjepr Treibeis zu führen begann und die beginnende Vereisung die Gefahr feindlicher Übersetzversuche erhöhte.
Guderians Mahnung, die Panzerdivisionen zwecks gründlicher Auffrischung aus der Front herauszulösen, bevor es zu spät sei, war umsonst, forderte vielleicht auch Unmögliches, denn die zerschlissenen, auf einige Dutzend Panzerfahrzeuge zusammengeschmolzenen Divisionen waren als »Feuerwehr« die letzte Hoffnung der ausgebluteten, erschöpften Infanterie. Während an der Front in Schlamm und rasch wieder tauendem Schnee die Winterschlacht tobte, rang Generaloberst Zeitzler um die rechtzeitige Räumung überfällig gewordener Positionen, um neue »Stalingrads« zu vermeiden. Er verlangte die Evakuierung der Krim, um zu verhüten, daß die 17. Armee vernichtet wurde.
Noch war die deutsche Führungskunst, sofern sie Möglichkeiten besaß, sich auszuwirken, eindeutig der russischen überlegen. Noch immer war auch der deutsche Einzelkämpfer moralisch den als »Iwan« abqualifizierten Russen überlegen, sofern er das Material erhielt, um sich des Massensturmes aus den Steppen des Ostens zu erwehren. Aber die Entschlußfreiheit der Generalität wurde immer mehr eingeengt, der Materialersatz floß immer spärlicher, die guten Divisionen schmolzen zusammen, sie wurden »verheizt«, wie es so bitter in der Sprache des Frontsoldaten hieß, der Ersatz aus der Heimat wies nicht mehr die gleiche Güte auf wie zuvor. Die mannigfachen Auskämmungsaktionen, die immer schärfer geübten Musterungen, die 1943 befohlene »Aktion Fronthilfe«, die Herauslösung jüngerer Jahrgänge aus Stäben und rückwärtigen Diensten in frontnahen Gebieten und ihre Ersetzung aus älteren Jahrgängen des Ersatzheeres, brachten nicht die erhofften Erfolge. Die Front wurde jetzt mit Auszeichnungen überschüttet, das Ritterkreuz erlebte eine Inflation, das Eichenlaub wurde freigiebiger verliehen, doch dieser Ordenssegen verführte im Verein mit der Praxis der Obersten Führung, starr das Halten jeglicher Linie zu verlangen und im Weigerungsfall die schwersten Strafen zu verhängen, auch manchen Divisionär dazu, seine Truppe zu opfern, weil das Opfer Auszeichnung brachte.
Unterdes stiegen die Verluste ins Ungeheuerliche. Bis zum Januar 1944 betrug die Zahl der gefallenen Unteroffiziere und Mannschaften rund 1,5 Millionen Mann. Das deutsche Offizierskorps hatte 33 716 Gefallene, 67 488 Verwundete und 16 805 Vermißte aufzuweisen. Im Personalamt rechnete man im Januar 1944 mit einem täglichen Ausfall von durchschnittlich 155 Offizieren, darunter durchschnittlich 40 Gefallenen.
Wie lange die Kraft der Wehrmacht und des Volkes ausreichen würde, Ausdauer angesichts ungeheuerer Opfer und Leiden unter einem Himmel ohne einen einzigen Stern zu bewahren, danach fragte niemand, vielleicht weil diese Frage nur eine einzige, allzu traurige Antwort kannte. Guderian benutzte die Gelegenheit eines vertraulichen Frühstücks unter vier Augen mit Hitler, diesem die Ernennung eines Wehrmachtgeneralstabschefs vorzuschlagen. Hitler erwiderte, er könne sich nicht von Keitel trennen. Hinter dieser Antwort stand die Besorgnis vor einer Schmälerung seiner Machtbefugnisse. Immer noch erfüllte ihn das mystische Bewußtsein, Einiger, Vollender und Mehrer des Reiches aller Deutschen und ihrer alten Brudervölker in Mitteleuropa zu sein. Immer noch stemmte er sich mit wilder dämonischer Kraft dem immer rascher fortschreitenden Zerfall des von ihm geschaffenen Machtgebildes entgegen. Der Kampf in Italien, der Kampf in Rußland, die drohende Invasion in Frankreich bedeuteten strategisch das Ringen um die Inbesitznahme des Vorfeldes der riesigen deutschen Festung Mitteleuropa, insofern bildete er eine

Parallele zum Ringen der Amerikaner im Pazifik um die Inbesitznahme des Vorfeldes der japanischen Kernfestung, das sich zur gleichen Zeit abspielte. Hitler hatte den Krieg als den »Großdeutschen Freiheitskampf« bezeichnet, als die Zertrümmerung der Fesseln, die die kriegshetzerischen Mächte der Einkreisung um das Reich gelegt hatten. Jetzt spürte er, wie der Ring neu geschmiedet wurde, und verlangte darum mit seiner brutalen Rücksichtslosigkeit, daß jeder Fußbreit Boden so teuer wie möglich verkauft werden müsse. Wer dieser Forderung nicht mehr entsprechen wollte, wer ihr nicht mehr entsprechen konnte, weil seine Kraft gegenüber der erdrückenden Übermacht des Gegners erlahmte, dem drohte nun an der Ostfront das Standgericht.

In den Weihnachtstagen des Jahres 1943 erneuerte Watutin mit der I. »Ukrainischen Front« den Angriff auf Korosten und die alte Hauptstadt Wolhyniens, Schitomir. Die »Leibstandarte« unter SS-Oberführer Wisch suchte hier vergeblich das Schicksal zu wenden. Kazatin und Biala Zerkow gingen verloren. Berittene oder mit Schlitten beweglich gemachte Partisanenverbände und russische motomechanische Abteilungen drangen südlich der Pripjetsümpfe ins Generalgouvernement ein und versetzten die deutschen Behörden in Alarmzustand.

Bei der Heeresgruppe Mitte versuchte der Gegner nach dem Scheitern der Offensive an der Smolensker Rollbahn nun, Witebsk von Osten, Norden, Südosten und Südwesten zu umfassen, um an dieser Stelle die Mittelfront aufzubrechen und sich unter Ausnutzung der tiefen Einbruchstelle bei Newel den Weg nach Weißrußland und Nordpolen zu erzwingen. Zwischen den zahlreichen Seen und zugefrorenen Sümpfen der hügeligen Landschaft des alten Witebsker Gouvernements entbrannte ein neues furchtbares Ringen, das zeitweilig zur Abschnürung deutscher Teilkräfte führte. Die Hauptlast der Abwehrschlacht trug die 3. Panzerarmee unter Generaloberst Reinhardt. Bei der nördlichen Nachbar-Heeresgruppe erbat Feldmarschall v. Küchler im Januar 1944 den Abschied, da Hitler die geforderte Zurücknahme seiner geschwächten Verbände auf eine verkürzte Auffangstellung abgelehnt hatte. Zum Nachfolger wurde Generaloberst Model ernannt, in Hitlers Jargon einer der wenigen »Steher«. Generaloberst Zeitzler hatte nicht nur Küchlers Forderungen unterstützt, sondern drängte immer wieder auf Räumung der Krim, des Frontvorsprunges der 8. Armee am Dnjepr und des Brückenkopfes Nikopol. Dieser wurde wenigstens in der Folge in letzter Stunde geräumt, wobei es Schörners taktischem Geschick zu danken war, daß die im Brückenkopf stehenden Korps, wenn auch unter schweren Materialverlusten, überhaupt noch auf das andere Dnjeprufer gelangten.

Die Bedrängnis und Verzweiflung der wenigen, die die wahre Lage kannten, stieg. Generaloberst Zeitzler äußerte, in einem Jahr sei alles verloren. Der Chef der Operationsabteilung, Generalleutnant Heusinger, sah nur mehr Abhilfe in einem durchgreifenden politisch-militärischen Revirement, mit – oder wenn es gar nicht anders möglich war, auch ohne Hitler. Aber – und dies war vielleicht die größte Tragik – in dessen Persönlichkeit verkörperten sich über aller militärischen und menschlichen Unzulänglichkeit alle jene unwägbaren seelischen Triebkräfte, jener oft schwankende und doch immer wieder aufflammende Glaube an das große Wunder der Rettung, der den Mann an der Front im Schützenloch wie den Arbeiter an der Drehbank in der Heimat, unter dem Brüllen der russischen Artillerie, dem Dröhnen der russischen Panzermassen und den Schauern der Luftangriffe noch zum Ertragen ungeheurer Strapazen und Leiden und zur Vollbringung immer neuer gewaltiger Leistungen bewog. Das deutsche Volk ahnte nichts von der inneren Krise. Wurde Hitler abgesetzt oder gar ermordet, drohte nicht nur die Gefahr einer Dolchstoßlegende, es drohte viel mehr: Ein psychologisches Vakuum mußte entstehen. Niemand vermochte zu sagen, wie das Ostheer, wie die Heimat reagieren würde, vor allem dann, wenn die neue Übergangsregierung aus Männern, die die Massen nicht kannten, die Fortsetzung des ungeheuerlichen Ringens im Osten fordern würde. Diese Überlegung fällt

Schon früh war in der deutschen Propaganda von „Flintenweibern" die Rede, die an der Ostfront in deutsche Gefangenschaft gerieten. Später wurde diese geringschätzige Bezeichnung stark eingeschränkt und nicht mehr auf reguläre Rotarmistinnen, sondern nur noch auf Partisaninnen (Bild oben) angewendet.

Bild rechte Seite: General Walter von Seydlitz vom „Nationalkomitee Freies Deutschland" ruft die deutschen Soldaten im Kessel von Korsun zur Übergabe auf. Das Komitee war unmittelbar nach der Panzerschlacht von Kursk von Kriegsgefangenen und Mitglieder der kommunistischen Exilführung in Krasnogorsk bei Moskau gegründet worden.

mit jener Stunde zusammen, in der alle Gesamtplanung verlorenging, in der man in den Lagebesprechungen über den Einsatz einzelner Sturmgeschütz- oder Panzerabteilungen debattierte, weil man nichts mehr hatte, was man frisch in die Schlacht werfen konnte, in der sich die höchste politisch-militärische Führung des Reiches darauf beschränkte, ohne zentrale Steuerung der Kräfte, ohne Vorausschau und ordnende Kraft nur mehr ihre arg gelichteten und erschöpften Divisionen dort einzusetzen, wo die Flammen gerade am gefährlichsten gegen den nachtschwarzen Himmel emporloderten.

Im Januar 1944 traten vor der Heeresgruppe Nord die »Leningradfront« des Artilleriemarschalls Goworow und die »Wolchowfront« unter General Merezkow in den dichtverschneiten Wäldern zur Befreiung von Leningrad, zur Durchtrennung der Landverbindung zwischen dem deutschen Bereich und Finnland und zur Wiedergewinnung der baltischen Ostseeküste an. Der erste Stoß traf die 18. deutsche Armee. Zwischen dem 14. und 27. Januar 1944 wurden die deutschen Stellungen am Wolchow nördlich des Ilmensees durchbrochen. Nowgorod ging verloren, ebenso Jamburg. Ende Januar brach die deutsche Verteidigung an der Luga zu-sammen. Der Rückzug auf die Narwalinie begann. Ende Januar 1944 begann auch im Süden nach vorausgegangenen Angriffen zwischen Kriwoi Rog und Kirowograd der große Sturm. 61 Schützendivisionen und 52 Panzerbrigaden wurden gegen die Heeresgruppe »Nordukraine«, 34 Schützendivisionen und elf Panzerbrigaden gegen die Heeresgruppe »Südukraine« angesetzt. Die Witterung begünstigte nicht gerade große Operationen. Der Winter war einer der mildesten seit vielen Jahren, Schneestürme wechselten mit Tauwetter, das die fette ukrainische Erde in Morast verwandelte.

Am 3. Februar 1944 begann die Kesselschlacht von Tscherkassy, von den Russen als Schlacht von Korsun–Chewtschenkowski bezeichnet, gegen die abgeschnittenen Teile der 8. Armee, das XI. Armeekorps unter General Stemmermann und Teile des XXXXII. Pan-

Der Krieg ist verloren

Manifest des Nationalkomitees »Freies Deutschland«, 13.7.1943

Die Ereignisse fordern von uns Deutschen unverzügliche Entscheidung. In dieser Stunde höchster Gefahr für Deutschlands Bestand und Zukunft hat sich das Nationalkomitee »Freies Deutschland« gebildet.

Dem Nationalkomitee gehören an: Arbeiter und Schriftsteller, Soldaten und Offiziere, Gewerkschaftler und Politiker, Menschen aller politischen und weltanschaulichen Richtungen, die noch vor einem Jahr einen solchen Zusammenschluß nicht für möglich gehalten hätten.

Das Nationalkomitee bringt die Gedanken und den Willen von Millionen Deutscher an der Front und in der Heimat zum Ausdruck, denen das Schicksal ihres Vaterlandes am Herzen liegt. Das Nationalkomitee erachtet sich als berechtigt und verpflichtet, in dieser Schicksalsstunde im Namen des deutschen Volkes zu sprechen, klar und schonungslos, wie die Lage es erfordert. Hitler führt Deutschland in den Untergang.

Seit Jahren hat Hitler, ohne Willensbefragung des Volkes, diesen Eroberungskrieg vorbereitet. Er hat die drei größten Mächte der Welt gewissenlos herausgefordert und zum unerbittlichen Kampf gegen die Hitlerherrschaft zusammengeschlossen. Er hat ganz Europa zum Feind des deutschen Volkes gemacht und dessen Ehre besudelt. So ist er verantwortlich für den Haß, der Deutschland umgibt.

Kein äußerer Feind hat uns Deutsche jemals so tief ins Unglück gestürzt wie Hitler.

Die Tatsachen beweisen: Der Krieg ist verloren. Deutschland kann ihn nur noch hinschleppen um den Preis unermeßlicher Opfer und Entbehrungen. Die Weiterführung des aussichtslosen Krieges würde das Ende der Nation bedeuten.

Aber Deutschland darf nicht sterben! Es geht jetzt um Sein oder Nichtsein unseres Vaterlandes.

Wenn das deutsche Volk sich weiter willenlos und widerstandslos ins Verderben führen läßt, dann wird es mit jedem Tag des Krieges nicht nur schwächer, ohnmächtiger, sondern auch schuldiger. Dann wird Hitler nur durch die Waffen der Koalition gestürzt. Das wäre das Ende unserer nationalen Freiheit und unseres Staates, das wäre die Zerstückelung unseres Vaterlandes. Und gegen niemanden könnten wir dann Anklage erheben als gegen uns selbst.

Wenn das deutsche Volk sich jedoch rechtzeitig ermannt und durch seine Taten beweist, daß es ein freies Volk sein will und entschlossen ist, Deutschland von Hitler zu befreien, erobert es sich das Recht, über sein künftiges Geschick selbst zu bestimmen und in der Welt gehört zu werden. Das ist der einzige Weg zur Rettung des Bestandes, der Freiheit und der Ehre der deutschen Nation.

zerkorps unter General Lieb. Fünf Tage später, am 8. Februar 1943, räumte General Schörner Nikopol. Während die Verhältnisse bei der 8. Armee infolge der ihr aufgezwungenen, unzusammenhängenden, bogen- und staffelförmigen Front sich sehr schwierig und unübersichtlich gestalteten, ging die 6. Armee unter Generaloberst Hollidt über den Ingulez und Ingul, beides tiefeingeschnittene, breite, versumpfte Flußhindernisse, auf den Bug zurück. Die Divisionen waren abgekämpft, die Verluste hoch, die Ersatzzuführung mangelhaft. Artillerie- und panzerbrechende Munition war nur mehr ungenügend vorhanden. Trotzdem zerbrach die Armee nicht.

Das VIII. Fliegerkorps, dem Transportgruppen mit Ju 52 zugewiesen wurden, erhielt Befehl, die Luftversorgung des Tscherkassykessels zu übernehmen. Trotz der ungünstigen Witterung und der außergewöhnlich starken russischen Bodenabwehr gelang es, den eingeschlossenen Verbänden täglich bis zu 250 Tonnen Nachschub zuzuführen, so daß deren Versorgungslage stabil blieb. Zum erstenmal versuchten hier in größerem Umfang Generale und Offiziere des »Nationalkomitees Freies Deutschland« ihre Kameraden im grauen Rock zum Überlaufen zu bewegen. Zum Entsatz des Tscherkassykessels wurden die 1., 11., 17. und 23. Panzerdivision und das Schwere Regiment Bäke unter General Breith zusammengefaßt. Ein unerwarteter Wetterumschlag brachte Tauwetter. Artillerie- und Panzerduelle fanden in einer Schlammwüste statt. Der Stabschef der 8. Armee, Generalleutnant Dr. Hans

Im Spätsommer 1944 waren zwei Jahre seit Beginn der Schlacht um Stalingrad vergangen. In dieser Zeit war die Wehrmacht unter fürchterlichen Opfern auf beiden Seiten von der Wolga bis zur Weichsel zurückgedrückt worden. Der Krieg war längst verloren, doch Hitler würde seine Soldaten bis zum letzten kämpfen lassen - noch an der Oder und auch noch an der Spree. Bild oben: versprengte deutsche Einheit im Rückmarsch nach Westen. Bild rechte Seite: in einem Rückzugsgefecht abgeschossener „T 34“.

Speidel, flog in den Kessel, um sich ein Bild von der Lage zu machen. Im Führerhauptquartier suchte Generaloberst Zeitzler Hitler zur Erlaubnis zu bewegen, daß die eingekesselten Verbände nach Westen ausbrechen dürften. Inzwischen entschlossen sich Stemmermann und Lieb auf eigene Faust zum Durchbruch. In der Nacht des Ausbruchs setzte unverhofft wieder starker Frost ein, die Panzer der Entsatzgruppe blieben im gefrorenen Morast stecken. Die Ausbruchsgruppe erlitt schwere Verluste, General Stemmermann fand den Tod. Trotzdem gelang die Vereinigung mit Breiths gepanzerten Kampfgruppen. Obwohl die aus dem Kessel entkommene Infanterie weit besser und regelmäßiger verpflegt worden war als die Panzerbesatzungen der Entsatzgruppe, erwies sich, daß sie wenig Neigung besaß, sich wieder in die Kampflinie eingliedern zu lassen, um eine Auffangstellung zu bilden. Entgegen den erhaltenen Befehlen marschierten ganze Bataillone mit ihren Offizieren weiter nach Westen zurück. Ärzte, die Verwundete betreuen sollten, setzten sich gleichfalls nach Westen ab, die Panzerspitze der Entsatzgruppe im Stich lassend. Dies war ein Mahnzeichen, wie sehr unter den steten furchtbaren seelischen und körperlichen Belastungen allmählich auch die Moral des Ostheeres Schaden zu nehmen begann. Vorübergehend schien es, als ob sich die Front westlich Uman, nördlich Winniza und im wolhynischen Raum Staro–Konstantinow–Rowno wieder stabilisieren würde. Es ließ sich jedoch nicht verhindern, daß allmählich die Heeresgruppen Manstein und Kleist in verschiedener Richtung, nach Nordwesten und Südwesten, abgedrängt wurden.
Offiziell hieß es jetzt in amtlichen Verlautbarungen über die »Großschlacht« an der Front der tausend Kilometer, die deutsche Front stütze sich nicht mehr auf ausgebaute Stellungen oder befestigte Stützpunktsysteme, es handele sich um eine »improvisiert hinhaltende Kampfführung«. Strategisch gesehen bot die Ostfront ein geradezu unmögliches Bild. Im Norden war die Front zurückgebogen und stützte sich auf die Narwa, den Peipus- und den mit diesem verbundenen Pleskauer See. Die Heeresgruppe Mitte, die von Generalfeldmarschall Ernst Busch kommandiert wurde, seit Feldmarschall v. Kluge bei einem Autounfall im Winter erhebliche Verletzungen erlitten hatte, hatte ihre Stellungen gehalten, sie wölbten sich in weitem Bogen gen Osten vor. Bei der anschließenden Heeresgruppe »Nord-Ukraine« bog sich die Front in Ostgalizien wieder zurück. Tarnopol war eingeschlossen, hier verteidigte sich Generalmajor v. Neindorf mit einer Unteroffiziersschule, mühselig und mit schlechtem Erfolg versorgt durch Lastensegler. In Ostpolen und Ostgalizien verlief die Front von Nord nach Süd aus dem Raum von Kowel, wo sich SS-Gruppenführer Gille zäh mit der SS-Division »Wiking« verteidigte, über Luck westlich an Tarnopol vorbei bis Stanislau. Noch wurde Odessa im Vor-

feld verteidigt. Weit vorgeschoben lag noch die abgeschnittene Bastion der Krim mit der 17. Armee im Osten.
Die Ukraine war verloren. Hitler suchte die Schuld bei den beiden Heeresgruppenbefehlshabern, die sie hatten verteidigen sollen. Manstein betrachtete er seit langem mit Mißtrauen. Feldmarschall v. Kleist hatte er einmal zu einer längeren Aussprache empfangen, bei der ihm der Feldmarschall all seine Sorgen und Vorschläge ausführlich unterbreitet hatte. Hitler hatte ihm ruhig zugehört, dann hatte er ihm für seine Offenheit gedankt. Die Quittung kam jetzt. Kleist war in seinen Augen ein altmodischer Kavalier, ein Ritter vergangener Tage, mit dem nichts mehr zu beginnen war, und Manstein war »gefährlich«. Am 31. März 1944 wurden beide in die »Führerreserve« versetzt und fanden nie wieder Verwendung. Die Zeit des Operierens sei vorbei, erklärte Hitler, er brauche jetzt nur noch »Steher«. Model und Schörner, die bei zu Generalfeldmarschällen befördert wurden, übernahmen die beiden ukrainischen Heeresgruppen.
Im April begannen die IV. »Ukrainische Front« unter General Tobuchin und die »Küstenfront« unter Generaloberst Jeremenko mit der Liquidierung eines anderen, längst überfälligen deutschen Postens, der Krim-Bastion, nachdem das gesamte, dem rumänischen Staat zugeschlagene Transnistrien mit Odessa von deutschen und rumänischen Truppen aufgegeben worden war. Die Krim, verteidigt von der 17. Armee unter Generaloberst Jaenicke und rumänischen Divisionen, war seit dem 1. November 1943 isoliert gewesen. Ihre Versorgung erfolgte nur mehr über See. Jetzt brach auch diese längst ausgehöhlte Position unter einer Doppeloffensive rasch zusammen. Am 9. Mai 1944 eroberten die Russen Sewastopol zurück. Unter Leitung des »Admirals Schwarzes Meer«, Vizeadmiral Brinkmann, und des Seekommandanten Krim, Konteradmiral Schulz, begann zu spät die Evakuierung der Reste der 17. Armee über See nach Rumänien. Marineküstenbatterien sprengten ihre Geschütze und reihten sich als »Marinekampfbataillone« in die letzten Kämpfe zur Sicherung der Einschiffungsstellen ein. Mit den Nachhuten kapitulierte General Allmendinger, der Nachfolger Jaenickes, schließlich und ging in russische Gefangenschaft.
Das Glück war nicht mehr auf der Seite der Deutschen. Zunächst trat indes eine Kampfpause ein. Auch der Gegner war nach der großen Winteroffensive, die ihn bis nach Polen und an die Grenzen Rumäniens geführt hatte, genötigt, seine Kräfte neu zu ordnen.
Am 22. Juni 1944, nachdem der russische Hauptstab sich hatte überzeugen können, daß die so lange angekündigte Offensive der westlichen Alliierten endlich Tatsache geworden war, brach unter dem Dröhnen Hunderter von Bomben- und Schlachtflugzeugen, welche die deutschen Artilleriestellungen zerschmetterten, unter dem Donner Tausender von Geschützen und dem Heulen Tausender von Stalinorgeln das Unwetter über die Heeresgruppe Mitte herein.
Der Durchbruch des Gegners bei Witebsk riß die Front der 3. Panzerarmee auf und spaltete sie in zwei Teile. Auf Befehl Hitlers wurde Witebsk zum »Festen Platz« erklärt. Das hier belassene und eingeschlossene LIII. Korps unter General Gollwitzer ging nach einem zu spät unternommenen, vergeblichen Ausbruchsversuch fast vollzählig in Gefangenschaft. Südöstlich von Bobruisk wurde das Gros der 9. Armee, die von General Jordan geführt wurde, eingekesselt. Das XXXV. Armeekorps und das XXXXI. Panzerkorps wurden zertrümmert, rund 30 000 Mann schlugen sich unter Zurücklassung des schweren Materials kämpfend nach Westen durch.
Die russischen Panzer- und Reiterverbände drangen unaufhaltsam weiter vor, das Tor nach Weißrußland hinein war in breiter Front aufgerissen, zwischen Bobruisk und Minsk klaffte eine gewaltige Frontlücke, deren Schließung sich als unmöglich erwies. Im Hinterland, durch dessen Städte nun plötzlich die Lautsprecherwagen rollten, um die Bevölkerung vor dem Herannahen ihrer »Befreier« zu warnen, saßen Stäbe und Wirtschaftsorganisationen mit viel weiblichem Hilfspersonal, saßen rückwärtige Dienste, Lazarette, schwache Sicherungsverbände, landeseigene Truppen und die wenigen Polizeibataillone und Polizeischützenregimenter. Eingreifdivisionen, Reserven, existierten nicht. Der russische Stoß traf ins Leere, sofern die Front erst einmal durchbrochen war.
Im Führerhauptquartier in Berchtesgaden erklärte Hitler eine Stadt nach der anderen zur »Festung« und verlangte ihre Verteidigung bis zum letzten Mann, jagte Befehle hinaus und setzte Generale ab, weil sie angeblich versagt hätten. Feldmarschall Busch wurde durch den Oberbefehlshaber der Heeresgruppe Nordukraine, Feldmarschall Model ersetzt, der zusätzlich die Führung im Mittelabschnitt übernehmen mußte, obwohl es nahezu unmöglich geworden war, einen klaren Überblick über die Lage zu erhalten. Bei den Lagevorträgen beratschlagte man, was man noch an Kräften nach Weißrußland werfen könne, um die russischen Panzerspitzen aufzufangen. Hitler sprach nun selbst davon, daß man nur noch »flicken«, nicht mehr führen könne. Am 9. Juli drangen die Russen in Wilna ein,

Zu den ekelhaftesten Kapiteln des Zweiten Weltkrieges gehören die Mißhandlungen und Morde an Wehrlosen, deren sich Greueltäter aller Seiten schuldig gemacht haben. Bild linke Seite: hingeschlachtete Gefangene in Rußland.
Bild oben: Untersuchung der Leichenfunde von Katyn durch den Gerichtsmediziner Dr. Orsos aus Budapest 1943. Lange Zeit auf den deutschen und sowjetischen Greuelkonten hin- und hergeschoben, steht seit der von Gorbatschow angeordneten Öffnung der Kriegsarchive in Moskau fest, daß die Morde an über 4000 polnischen Offizieren in Katyn noch vor Juni 1941 von sowjetischen Kommandos begangen wurden.

am 14. Juli in Grodno. Der Großteil Litauens war jetzt gleichfalls verloren, Ostpreußen in tödlicher Gefahr. Die Kämpfe verlagerten sich an den Njemen, den Schicksalsfluß, über den Napoleon 1812, über den Hitler 1941 in Rußland einmarschiert war.

Gleichzeitig brach in Ostgalizien eine neue russische Offensive gegen die Heeresgruppe Nordukraine unter Generaloberst Harpe los. Nach tagelangem Ringen gelang den Russen auf schmaler Front der Durchbruch auf Lemberg. Die Russen stießen über den San bis zur Weichsel durch, wo sie bei Baranow einen Brückenkopf auf deren linkem Ufer errichteten, der in der Folgezeit noch eine große Bedeutung gewinnen sollte.

Am 19. Juli 1944 sprach der Wehrmachtbericht von der großen Abwehrschlacht zwischen dem Peipussee und Galizien. Die Ostfront stand noch immer, aus tausend Wunden blutend, doch sie war an vielen Stellen aufgerissen, sie drohte gänzlich einzustürzen, und niemand vermochte mehr zu sagen, was der nächste Tag bringen würde. In Moskau wurden 50 000 deutsche Kriegsgefangene, darunter zahlreiche im Mittelabschnitt gefangengenommene Generale, im Triumphzug durch die Straßen getrieben, um den Massen den Sieg über die »deutsch-faschistischen Okkupanten« vor Augen zu führen. Rund dreißig deutsche Divisionen waren in Weißruthenien (Weißrußland) zerschlagen worden. Es war eine weit größere Katastrophe als diejenige von Stalingrad.

In Finnland mehrten sich seit den Tagen von Stalingrad Bestrebungen, aus dem Krieg auszuscheiden. Der Zusammenbruch der Heeresgruppe Mitte, der Rückzug der Heeresgruppe Nord an der baltischen Küste bestärkten die finnische Friedenspartei in ihrem Entschluß, dem Krieg ein Ende zu bereiten, da die deutsche Niederlage nur mehr eine Frage der Zeit zu sein schien. Niemand konnte in Helsinki darauf warten, daß die sowjetrussischen Armeen das Land überfluteten, denn dann drohte die physische Auslöschung des kleinen Volkes. Am 30. Juni 1944 brachen die Vereinigten Staaten die diplomatischen

Beziehungen zu Finnland ab, ein neuer schwerer Schlag. Nur mit äußersten Anstrengungen konnte den Russen der Durchbruch auf die finnische Hauptstadt verwehrt werden. Am 1. August trat Staatspräsident Risto Heikki Ryti zurück, Feldmarschall Freiherr von Mannerheim, der finnische Oberbefehlshaber, übernahm die Führung des finnischen Staates. Auch ihm war klar, daß sich Finnland von seinem deutschen Waffenbruder trennen mußte, er hoffte jedoch, auf ehrliche Weise, ohne häßliche Winkelzüge und kränkenden Vertrauensbruch aus dem Krieg ausscheiden zu können. Dies Bestreben wurde ebensosehr durch die Ungeschicklichkeit der deutschen Führung wie durch die brutalen Forderungen der sowjetrussischen Regierung durchkreuzt. Ende August leitete die finnische Regierung neue Waffenstillstandsverhandlungen mit der Sowjetregierung ein, der finnische Reichstag sprach sich für den Abschluß eines Sonderfriedens mit Rußland aus. Einen Tag darauf, am 3. September 1944, bat die finnische Regierung offiziell um den Abschluß eines Waffenstillstandes mit England und der Sowjetunion. Der Krieg war in diesem Raum zu Ende, ohne daß dies freilich den Frieden brachte.

Die Absicht der Finnen, dem deutschen Verbündeten Zeit für den geordneten Abzug zu gewähren, war am harten Willen der Russen gescheitert. Mitte September begann daher überhastet das Unternehmen »Birke«, der Rückzug der deutschen Truppen aus Südfinnland und aus Lappland durch die Moossteppe der Tundra mit ihren Seen, Sümpfen und Zwergbirkenbeständen, nach Nordnorwegen. Mit Panzerbrigaden und Rentierbeständen versuchte General Merezkow, der Oberbefehlshaber der »Karelischen Front«, immer wieder in den Rückzug hineinzustoßen. Generaloberst Rendulic, Nachfolger des bei einem Flugzeugabsturz umgekommenen Generalobersten Dietl, sah sich gezwungen, um dem Gegner den Vormarsch in den riesigen Einöden des Nordens zu verwehren, die Zerstörung der spärlichen Ortschaften und Wohnstätten, die Zerstörung wichtiger Grubenanlagen durchzuführen. Die Taktik der »Verbrannten Erde«, jene Taktik, die auf beiden Seiten zu den schrecklichsten Begleiterscheinungen des Ostkrieges gehörte, mußte natürlich die Erbitterung der finnischen Bevölkerung wachrufen. Da Finnland nicht zum vorgesehenen Termin von deutschen Truppen geräumt war, erzwang die sowjetrussische Führung auch die Teilnahme finnischer Truppen an den Verfolgungskämpfen. Bei Tornio unternahmen finnische Einheiten vergeblich den Versuch, den deutschen Gebirgstruppen den Rückzug zu verlegen. Die 20. Armee blieb auch im Rückzug unbesiegt. Das Nickelgebiet von Petsamo fiel jedoch in russische Hand, sowjetrussische Truppen stießen bis nach Kirkenes auf nordnorwegischem Boden vor, die Luft- und Seestützpunkte an der Eismeerküste gingen verloren, in der Ostsee brach die Sperre des Finnischen Meerbusen zusammen, die Russen gewannen wieder Stützpunkte an der süd- und westfinnischen Küste.

Im Juli 1944 hatte Marschall Konjews I. »Ukrainische Front« der ehemaligen Heeresgruppe Nordukraine, die nunmehr als Heeresgruppe A bezeichnet wurde, unter Generaloberst Harpe im Raum südlich Kowel in Wolhynien und am oberen Sereth in den Karpatenvorbergen einen furchtbaren Schlag versetzt. Lublin, wo sich ein sowjetpolnisches Regierungskomitee installierte, Cholm, Lemberg, Przemysl, Jaroslaw waren gefallen, die Sanlinie durchbrochen, die Weichsel an mehreren Stellen überschritten. Die ukrainische 14. Waffengrenadierdivision der SS ging hier, kaum aufgestellt, in den Tod. Vielfach griff Panik um sich, die Parole des »Rückwärts sammeln« ging um. Wehende Staubfahnen kennzeichneten die Flucht deutscher Verbände gen Westen auf Krakau, sofern nicht energische Offiziere mit der Maschinenpistole in der Hand eingriffen, um den Rückzug zu stoppen und neue Abwehrlinien aufzubauen. Unter den Schatten der Katastrophe traf hier die Nachricht vom Attentat auf Hitler ein. Doch auf die Geschehnisse an der Front hatte der 20. Juli keinen Einfluß, er ging unter angesichts des verzweifelten Abwehrkampfes. Bei der Heeresgruppe Mitte rang Feldmarschall Model um die Stabilisierung der Front im Raum von Warschau und weiter nördlich zwischen Narew und Bug. Noch fluteten russische Panzer, nachdem der Riegel in Weißrußland aufgebrochen war, anscheinend unaufhaltsam mit ihrer dunkelbraun-

Als sich die Rote Armee der Weichsel näherte, wagte die polnische Heimatarmee am 1. August 1944 in Warschau den offenen Aufstand gegen die deutschen Besatzer. Getragen von dem Wunsch, die Hauptstadt aus eigener Kraft zu befreien, kämpften die völlig unzureichend bewaffneten Polen gegen die überlegenen deutschen Polizei- und SS-Kräfte bis zur Kapitulation am 2. Oktober einen aussichtslosen Kampf. Bild linke Seite: Heckenschützen im Straßenkampf. Bild rechts: General Tadeus Bor-Komorowski, der Führer der Aufständischen in Warschau. Bild oben: Ansicht der Innenstadt nach dem Zusammenbruch des Warschauer Aufstands.

grau-uniformierten Last, den Trauben aufgesessener Infanterie, auf die Weichsel, den Njemen, den Narew zu. Die litauischen Städte Grodno, Kowno, Schaulen wurden von der Flut überspült. Warschau fieberte in dumpfer Erwartung, war ein brodelnder Hexenkessel. Ende Juli gelang es, die russischen Panzer an der Weichsel aufzufangen.

Im August verlief die Front im Nord- und Mittelabschnitt unter den Löwen der Abwehrschlachten, Schörner und Model, die rücksichtslos das Letzte von der Truppe forderten, aus dem Raum westlich von Mitau in Kurland, westlich an Schaulen in Litauen vorbei zur ostpreußischen Grenze und weiter bis zum Narew hart östlich Warschau.

Am 1. August erhoben sich unmittelbar im Rücken der 9. deutschen Armee unter General v. Vormann auf Befehl des nationalpolnischen Generals »Bór«, alias Graf Tadeusz Komorowski, die rund 30 000 Mann zählenden Kämpfer der polnischen »Heimatarmee« in Warschau. Sie hofften, die sowjetrussischen Truppen würden ihnen zu Hilfe kommen. In Moskau hatte man indes keinerlei Interesse an der Unterstützung der »reaktionären« Kräfte Polens, die Verbindung mit der Londoner Exilregierung unterhielten. Die Rote Armee rührte nicht einen Finger zugunsten der Verbände General Bórs. In wochenlangen schweren Kämpfen verblutete die polnische »Heimatarmee«. Der Sonderbeauftragte der SS für den Bandenkampf im Osten, SS-Obergruppenführer v. d. Bach-Zelewski, wurde mit der Niederwerfung des Aufstandes beauftragt. Neben Heeres- und Polizeiverbänden wurden die russische SS-Brigade Kaminski, die SS-Strafeinheiten des Brigadeführers Dirlewanger, estnische und turkmenische SS-Legionen und Kampfgruppen gegen die Aufständischen eingesetzt. Vor allem die Leute Kaminskis und Dirlewangers ließen sich dabei derart wüste Ausschreitungen zuschulden kommen, daß sich Bach-Zelewski schließlich gezwungen sah, Kaminski standrechtlich erschießen zu lassen. Erst Ende September neigten sich die Kämpfe in Warschau dem Ende zu. General Bór kapitulierte und begab sich in deutsche Gefangenschaft.

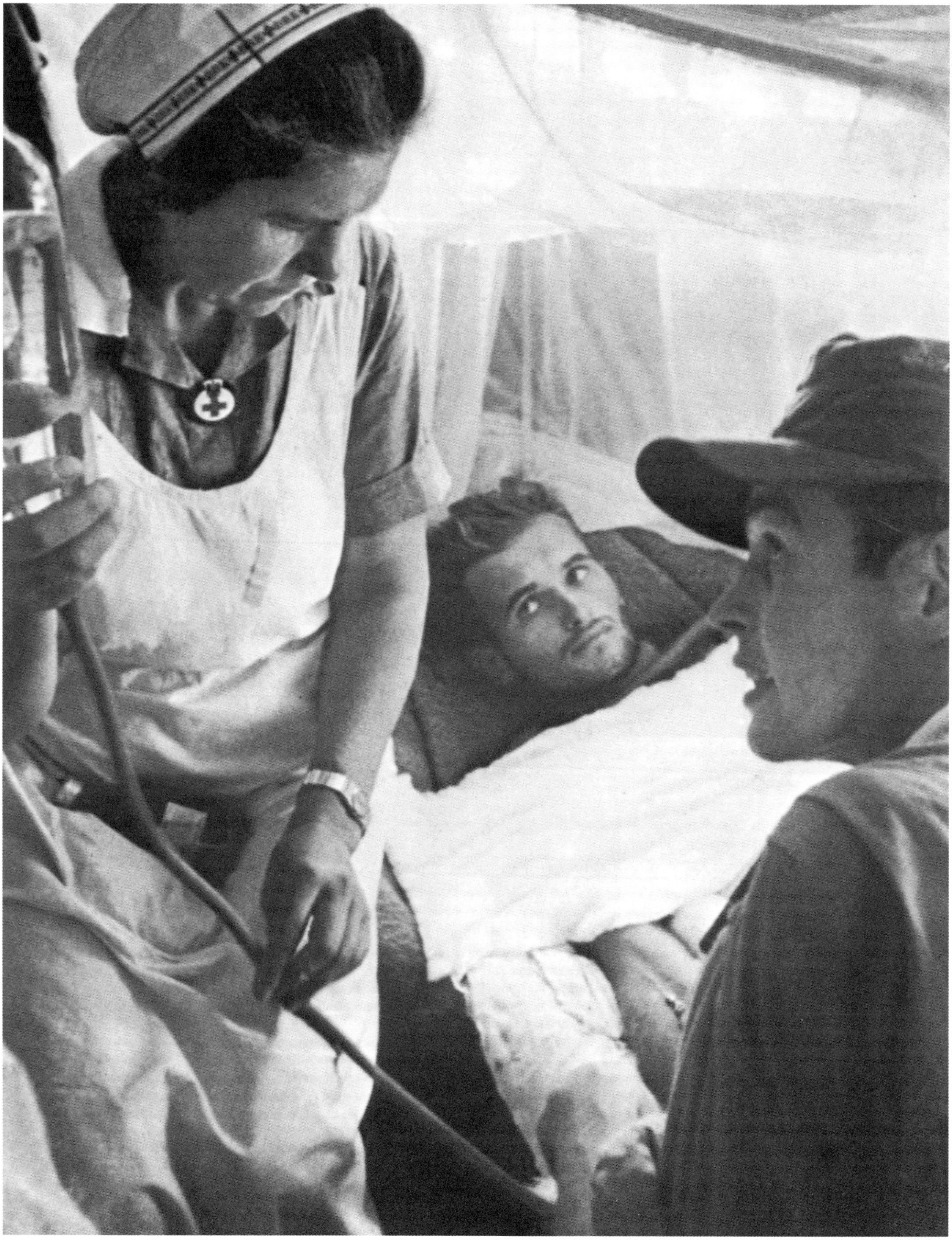

Das Sanitätswesen der Wehrmacht

Das Sanitätswesen der Wehrmacht war mit einem sehr hohen Anspruch in den Krieg eingetreten. Man glaubte, durch weitblickende und gründliche Friedensarbeit das Gesundheitswesen auf einen denkbar hohen Stand gebracht zu haben. Der Kriegssanitätsdienst sollte dies beweisen. Obwohl kein Zweifel daran bestehen kann, daß an allen Fronten Außerordentliches geleistet worden ist, konnte dieser Beweis nicht erbracht werden. Der Krieg kostete das Deutsche Reich 3,25 Millionen Tote oder als tot geltende Wehrmachtsangehörige. In den Lazaretten der Wehrmachtteile wurden insgesamt 5,24 Millionen Verwundete und Kranke betreut. Die Gründe für diese Verluste lagen nicht zuletzt bei der im Verlaufe des Krieges immer geringer werdenden Effektivität des Sanitätswesens.

In der Wehrmacht hatten Heer, Luftwaffe und Marine ihr eigenes Sanitätswesen. Die Leitung der Sanitätsdienste des Heeres lag in der Hand des Heeressanitätsinspekteurs. Er verfügte über Einrichtungen für Ausbildung, Forschung und Versorgung. Für den Sanitätsoffiziersnachwuchs war eine eigene Militärärztliche Akademie zuständig. Der Sanitätsinspekteur war Vorgesetzter des Heeresarztes, der vom Stab des Generalquartiermeisters aus für jeden Kriegsschauplatz den Einsatz des erforderlichen Sanitätspersonals und -materials sowie den Abschub der Verwundeten in die nach hinten gestaffelten Sanitätseinrichtungen regelte. Ihm unterstanden die Heeresgruppenärzte sowie fünf leitende Sanitätsoffiziere in Frankreich, Belgien, Ostland, Ukraine und Rumänien. Die Heeresgruppenärzte verfügten über Kriegslazarette, Krankentransportverbände, Sanitätsparks und Einrichtungen für medizinische Forschung, die sie bei Bedarf den unterstellten Armeeärzten zur Verfügung stellten. Diese besaßen zusätzlich eigene Sanitätsgruppen, die im rückwärtigen Frontbereich eingesetzt bzw. den Korpsärzten und den Divisionen zur Unterstützung beigegeben wurden. Die wichtigsten Sanitätseinrichtungen der Armee waren das Kriegslazarett (mot.), das mit seiner Ausstattung in der Lage war, ca. 500 Schwerkranke und -verwundete aufzunehmen, und das Leichtkranken-Kriegslazarett. Die Kriegslazarette wurden zeitweilig auf eine Kapazität von 2500 Betten erweitert. Sie bildeten die höchste und letzte Behandlungsebene im außerdeutschen Gebiet. Zur Armee gehörte auch eine

So sehr die Errungenschaften der Technik dazu beigetragen hatten, das Grauen des Krieges zu vermehren, auf einem Felde wenigstens vermochte der Fortschritt der Wissenschaft seine Schrecken zu mildern: Mit der ärztlichen Betreuung der Verwundeten war es seit dem Tage von Solferino sehr viel besser geworden. Am 24. Juni 1859 hatte der Schweizer Philantrop Henri Dunant bei seinem Ritt über das Schlachtfeld, vom unsäglichen Elend der hilflos röchelnden Verwundeten zutiefst aufgewühlt, jene Vorsätze gefaßt, aus denen die Gründungen des Internationalen Roten Kreuzes (1862) und der Genfer Konvention (1864) erwuchsen. Bild linke Seite: Infusionierung eines Verwundeten. Bild rechts: Hitler beim Besuch eines Lazarettwagens im Polenfeldzug.

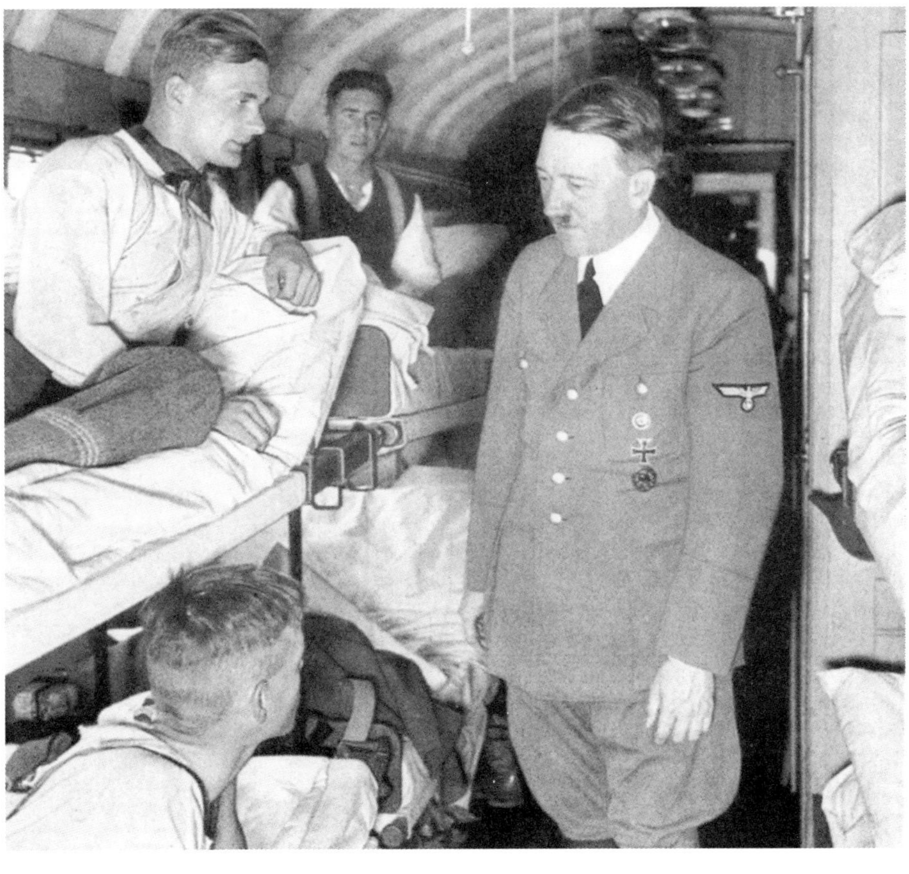

Gruppe beratender Ärzte, bestehend aus drei Chirurgen mit Hilfsärzten und je einem Facharzt für innere Krankheiten, Psychiatrie, Hygiene, Pathologie und Bakteriologie. Für den Abtransport von Verwundeten war in Vorbereitung auf einen »Bewegungskrieg« eine Abschubkette aufgebaut worden, die vom Verwundetennest über den Truppen- zum Hauptverbandplatz, von dort über das Feld- und Kriegslazarett schließlich zum Reservelazarett in der Heimat führte. Es waren Krankenkraftwagen entwickelt worden – die in Formationen zusammengefaßt – im Zusammenspiel mit Eisenbahnlazarettzügen, Leichtverwundetenzügen, Lazarettschiffen, Schiffs- und Lufttransporten diese Aufgaben erfüllten.

Im Frontbereich wurde nach der Selbsthilfe des Soldaten die erste und damit wichtigste medizinische Hilfe durch das Sanitätspersonal des Bataillons und die Sanitätstruppen der Division geleistet. Der Truppenarzt des Bataillons war mit seinem Truppenverbandplatz die unterste Ebene ärztlicher Versorung. Die Divisionen besaßen durchschnittlich zwei Sanitätskompanien, eine Krankenkraftwagenkompanie und ein Feldlazarett. Die Sanitätskompanien betrieben 4-5 km hinter der Front in stetem Wechsel den Hauptverbandplatz. Zwei Chirurgenteams leisteten jede Art von dringender chirurgischer Hilfe mit dem Hauptziel, die Transportfähigkeit des Verwundeten herzustellen. Zwei Zahnärzte stellten im Hauptverbandplatz auch die zahnärztliche Versorgung sicher; eine Feldapotheke hielt die notwendigen Medikamente bereit. Das von der Division betriebene Feldlazarett lag ca. 10-15 km hinter der Front, hatte 200 Betten und ermöglichte in mehreren großen Operationsräumen und mit fachspezifischer Diagnostik und Therapie ärztliche Hilfe auf der Ebene eines guten Kreiskrankenhauses.

Parallel zu dieser Organisation des Heeres – und auf den gleichen Kriegsschauplätzen tätig – war das Sanitätswesen der Luftwaffe eingerichtet worden. Beim Aufbau der Luftwaffe 1933 wurde es zunächst auch vom Heeressanitätsinspekteur gesteuert. Über eine Medizinalabteilung im Reichsluftfahrtministerium und die »Inspektion des

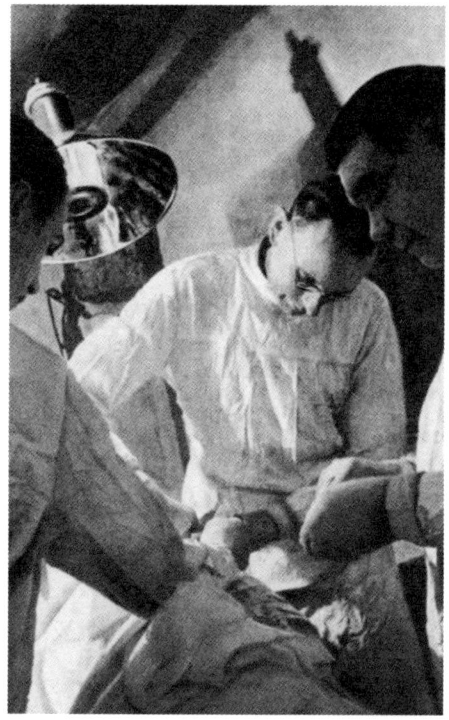

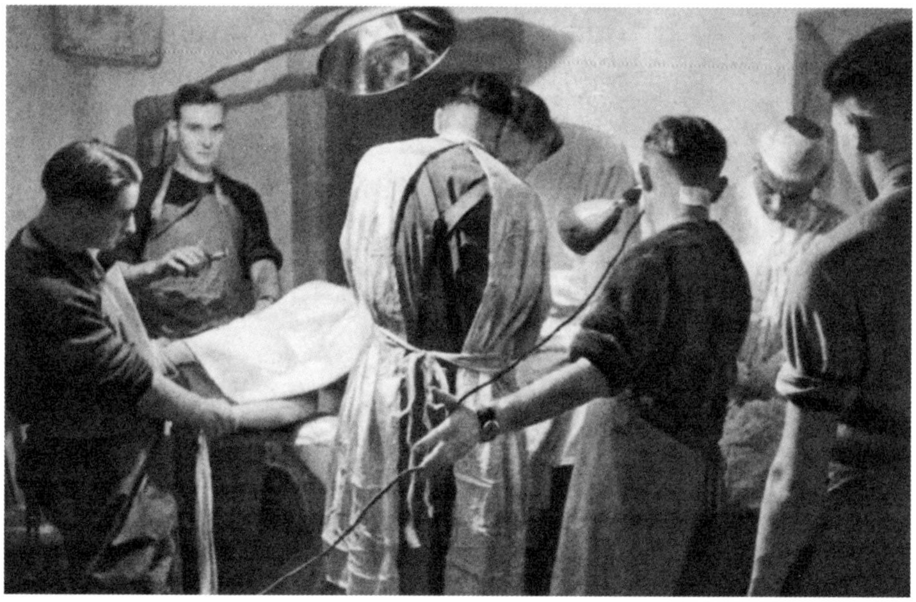

An die Stelle der zermürbenden Fahrten in den Lazarettzügen trat in der Anfangsphase des Zweiten Weltkriegs die schnelle Beförderung mit der „Tante Ju", der Ju 52 (Bild rechte Seite). Ungezählte Verwundete verdankten der beschleunigten Überführung in die Heimatlazarette ihre Genesung und ihr Leben. Wo kein Abtransport mehr möglich oder höchste Eile geboten war, wurden die Verwundeten vor Ort in den Feldlazaretten, notfalls aber auch in Kapellen oder Ställen, operiert (Bilder oben).

Sanitätswesens« entwickelte sich die Position des »Chefs des Sanitätswesens der Luftwaffe«. Die ersten Sanitätsoffiziere kamen vom Heer und von der Marine. Sie wurden fliegerisch ausgebildet und in die wissenschaftlichen Fragen der Luftfahrtmedizin eingeführt. Zur Weiterentwicklung dieser neuen medizinischen Fachrichtung gründete die Luftwaffe eigene Forschungsinstitute und übernahm die fachliche Steuerung entsprechender ziviler Einrichtungen. Für den Nachwuchs, der zunächst auch an der Militärärztlichen Akademie des Heeres ausgebildet worden war, wurde eine eigene Ärztliche Akademie der Luftwaffe eingerichtet. Die Führung dieser Sanitätsdienste, die sich in ihrer Struktur denen des Heeres angepaßt hatten, oblag den Luftflottenärzten und den diesen unterstellten Luftgauärzten. Der Luftwaffensanitätsdienst hatte zur Durchführung seiner Aufgaben neue Einsatzformen entwickelt, z.B. die Luftwaffensanitätsbereitschaft (mot.), die mit vier Fachchirurgen auch für die großen chirurgischen Operationen ausgerüstet war. Später ergänzten Internisten die Chirurgenteams, so daß diese Einrichtung 100 bis 150 Verwundete und Kranke behandeln und pflegen konnte. Die volle Motorisierung der Sanitätsgruppen erlaubte eine organische Zusammenarbeit mit den kämpfenden Luftwaffenverbänden. Um diese Mobilität zu erhalten, waren zunächst keine Feldlazarette geplant. Die Erfordernisse brachten es indessen mit sich, Feldlazarette in Baracken mit einer von 300 bis 600 reichenden Bettenkapazität zu schaffen. Die Lazarette wurden auch von den Luftwaffensanitätsbereitschaften (mot.) betrieben. Diese waren von ihrer Ausrüstung her in der Lage, sowohl Feld- und Ortslazarette als auch Hauptverbandplätze einzurichten.

Die wichtigste Neuerung im Sanitätswesen der Luftwaffe war die Einrichtung der »Sanitätsflugbereitschaft«. Sie bestand aus fünf bis sechs Ju 52, die je zwölf auf Tragen liegende und vier sitzende Verwundete transportieren konnten. Als Zubringerflugzeuge von der Front zum Flugplatz dienten je vier »Fieseler Storch«. Jedes dieser Flugzeuge konnte zwei Verwundete aufnehmen. Des weiteren wurden Lufttransportverbände zur Rückführung Verwundeter eingesetzt, die sich sehr bewährten. Zur Rettung von Flugzeugbesatzungen, die auf See niedergegangen waren, schuf die Luftwaffe den Seenotrettungsdienst. Die Seenotkommandos verfügten mit den Flugzeugen He 59, Do 18 und 24 sowie verschiedenen Seefahrzeugen über für diese Zwecke gut geeignetes Material. Die Flugzeuge waren zunächst mit einer Rot-Kreuz-Kennung versehen, die von Gegnern jedoch nicht anerkannt und daher wieder aufgegeben wurde. Die Einführung der Fallschirmtruppe brachte dem Sanitätsdienst eine weitere Neuerung. Die Sanitätskorps der Fallschirmtrupppe wurden als Absprungeinheit aufgestellt, die den mitabspringenden Truppenärzten nachfolgten.

Der Sanitätsdienst der Marine hatte sich bereits vor dem Ersten Weltkrieg verselbständigt. Der Chef des Marinesanitätswesens war in Personalunion Chef des Marinemedizinalamtes im OKM. Ihm unterstanden fachlich das Sanitätsamt Ostsee (Kiel) und Nordsee (Wilhelmshaven). Die schwimmenden Kampfeinheiten verfügten je nach Größe des Schiffes über ein Bordlazarett und eigene Ärzte, kleinere hingegen nur über Sanitätskisten, die fast nur Verbandsmittel enthielten. Für den

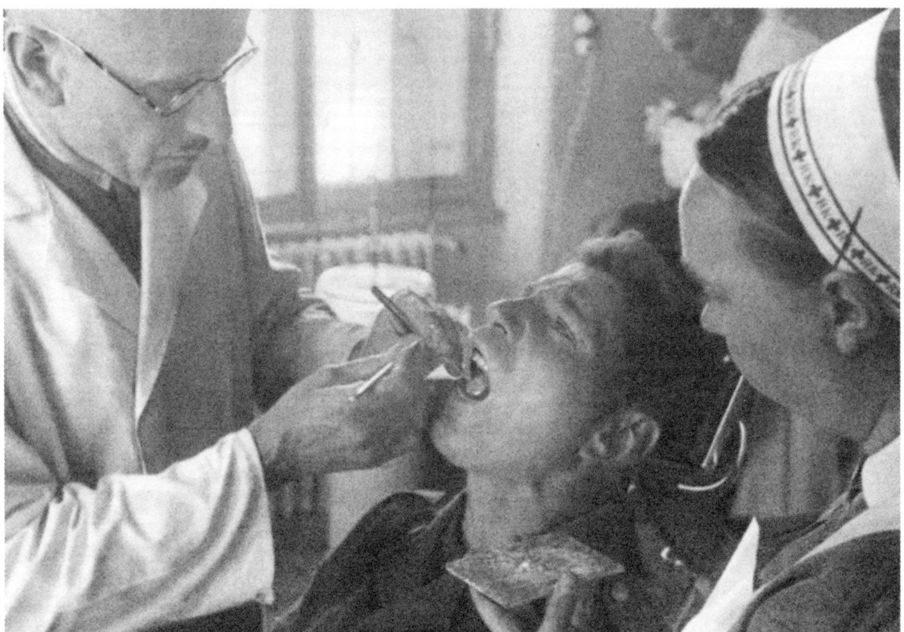

Bild oben: Goebbels bei einer Ansprache vor Verwundeten in einem Berliner Reservelazarett am Weihnachtsabend des Jahres 1941. Worüber der für die „Volksaufklärung und Propaganda“ zuständige Reichsminister sie nicht aufklären konnte, waren die Folgen, die der Krieg auf deutscher Seite noch haben würde: Millionen Tote und Millionen Verwundete, unter ihnen Zehntausende Querschnittsgelähmte, Kriegsblinde, Kriegstaube, zweifach, dreifach oder sogar vierfach Amputierte. Bild links: Er hat es mit seinen Zahnschmerzen noch gut getroffen. Bilder rechte Seite: verwundete deutsche Soldaten auf dem Weg zum Hauptverbandsplatz (oben); in einem Feldlazarett wird der Rotkreuzschwester ein Brief nach Hause diktiert (unten).

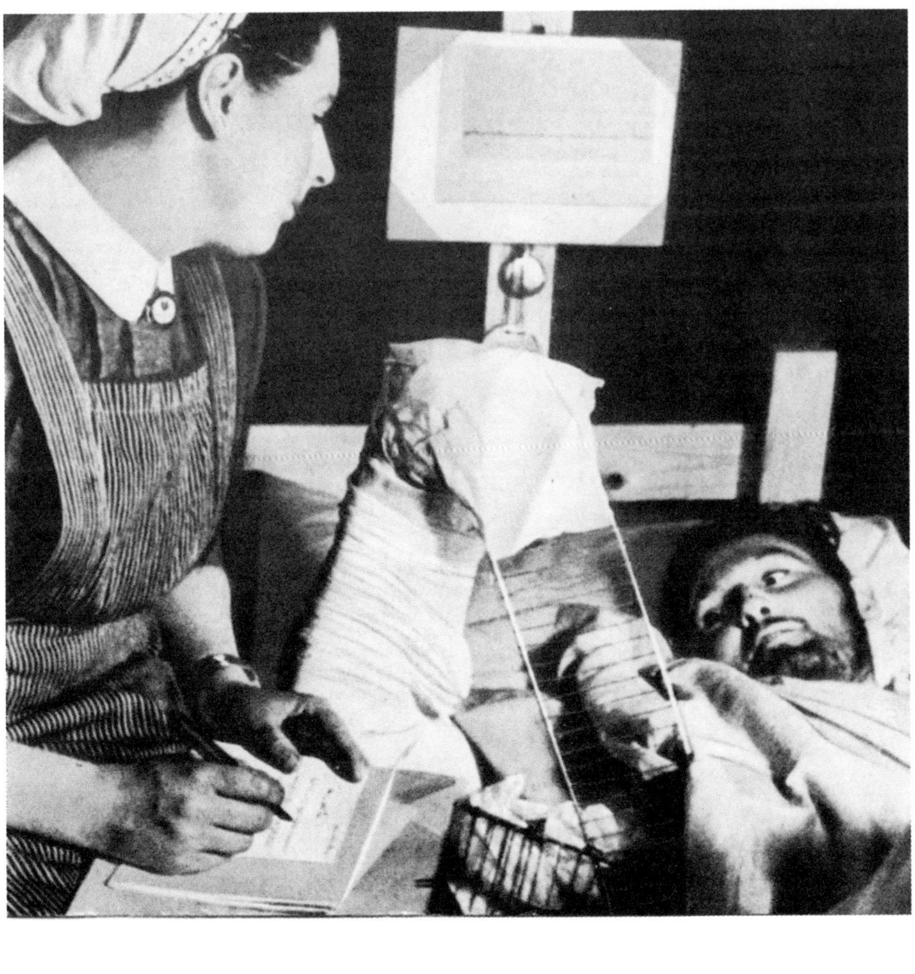

Kranken- und Verwundetentransport über See gab es zehn große Lazarettschiffe mit je 600 Betten, fünfundzwanzig kleinere mit je 350 bis 400 Betten und fünfunddreißig Verwundetentransportschiffe. Von den Lazarettschiffen gingen beinahe die Hälfte der großen und der kleinen durch Kriegseinwirkung verloren. Bei den Verwundetentransportschiffen betrug die Verlustquote 25 Prozent, wodurch deutlich wird, daß sich nicht alle Kriegsgegner an die auch auf den Seekrieg ausgedehnte Genfer Konvention hielten.
Die Waffen-SS hatte ebenfalls einen eigenen Sanitätsdienst, der im Aufbau an den des Heeres angelehnt war.
Am 28. Juli 1942 wurde zur Steigerung der Effektivität der nebeneinander arbeitenden Sanitätsdienste die Dienststelle des Chefs des Wehrmachtssanitätsdienstes geschaffen. Er sollte alle Aufgaben auf dem Gebiet des Sanitätswesens zusammenfassen, die personellen und materiellen Kräfte erfassen und planvoll und gerecht auf die Wehrmachtteile verteilen. Diese Aufgabe war dem Heeressanitätsinspekteur zusätzlich übertragen worden, allerdings ohne Befehlsgewalt über die einzelnen Sanitätsdienste. Diese Personalunion wurde zwar am 1. September 1944 aufgehoben, aber auch der dann selbständig arbeitende Chef des Wehrmachtsanitätsdienstes erhielt nur im Rahmen seiner fachlichen Aufgaben Befehlsbefugnisse; nach wie vor lehnten sowohl die Marine als auch die Luftwaffe eine volle Unterstellung ihrer Sanitätsdienste ab. Trotz der Schaffung dieser zentralen Einrichtung wurde eine wesentliche Verbesserung des Sanitätswesens nicht erreicht.
Im Verlauf des Krieges lassen sich drei Phasen unterscheiden, die den Sanitätsdienst vor unterschiedliche Probleme stellten:
1) »Bewegungskriege« der Jahre 1939-41: Im Mitgehen mit rasch vorwärts drängenden Truppenverbänden und beim Anfall eher konventioneller medizinischer Probleme sowohl beim Heer als auch bei Luftwaffe und Marine bewältigten die Sanitätsdienste ihre Aufgaben noch recht gut. Aber schon im Polenfeldzug sah man sich einigen unerwarteten Schwierigkeiten gegen-

über. Es stellte sich sehr schnell heraus, daß die mit Pferden bespannte Sanitätskompanie für den Bewegungskrieg denkbar ungeeignet war, weil sie den schnellen Truppen nicht folgen konnte und daher selten zum Einsatz kam.

Neben Verwundungen führten Krankheiten auf dem Gebiet der inneren Medizin zu hohen Ausfällen. Es mußte eine Ruhrepidemie bekämpft werden, die unmittelbar nach dem Vorstoß auf polnischem Gebiet ausbrach und bis zu 50 Prozent der Ist-Stärke der kämpfenden Truppe traf. Als problemlos und erfolgreich erwies sich dagegen das System des Abtransports der Verwundeten. Durch den in stetem Wechsel erfolgenden Einsatz der Krankentransportkompanien konnten die Verwundeten rasch in die hinten gelegenen Sanitätseinrichtungen gelangen, wenngleich z.B. die Lazarettzüge wegen der Zerstörung von Gleisen und Brücken erst gegen Ende der Kampfhandlungen eingesetzt werden konnten.

Bei der Besetzung Dänemarks und Norwegens hatte der deutsche Sanitätsdienst in Norwegen mit den erstmals in großer Zahl auftretenden Erfrierungen Schwierigkeiten, die mit bis zu 40 Prozent einen bedeutenden Anteil an der Wundversorgung hatten. Im Frankreichfeldzug konnte der Sanitätsdienst die bisher gemachten Erfahrungen bereits nutzen. Dazu zählte insbesondere, daß die Korpsärzte, die bisher über keine eigenen Sanitätstruppen verfügten, nun mit einer Sanitätskompanie sowie Krankentransportkapazität und teilweise auch Feldlazaretten ausgestattet wurden, weil man erkannt hatte, daß auf dieser Kommandoebene deren Einsatz besser gesteuert werden konnte. Im besetzten Frankreich wurde der Erhaltung der Gesundheit sowohl der Truppe als auch der Zivilbevölkerung große Sorgfalt gewidmet, um jedwede Seuchengefahr abzuwenden. Auf dem Gebiet der Geschlechtskrankheiten gelang dies jedoch nicht. Erst in der Zeit von 1942-44 konnte ein allgemeiner Rückgang der Geschlechtskrankheiten bei der Truppe verzeichnet werden.

Der Krieg in Nordafrika konfrontierte den Sanitätsdienst mit wesentlich größeren Problemen. Die Besonderheiten des Kriegsschauplatzes führten zu

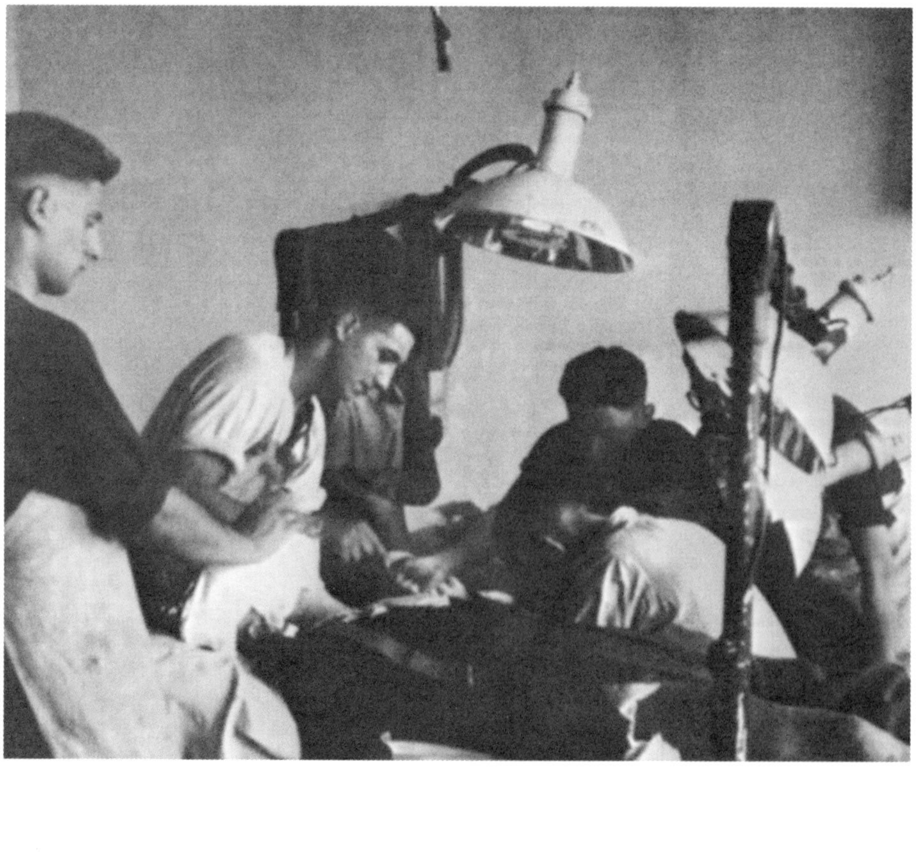

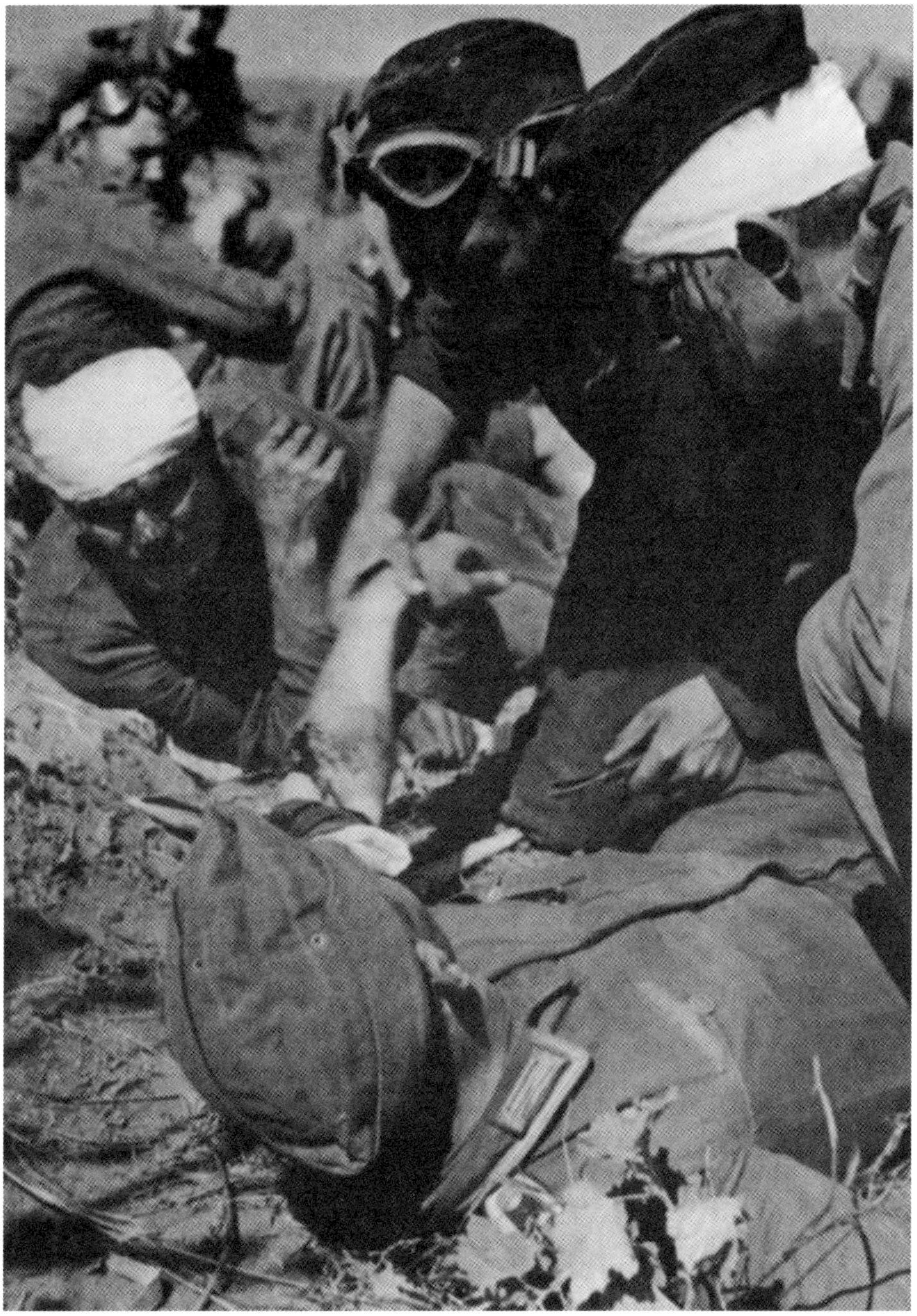

Mit Beginn der Kampfhandlungen begann die Arbeit der Sanitäter. Nach der notdürftigen Ersten Hilfe in der Feuerlinie (Bild oben) wurden die Verletzten zunächst ins „Verwundetennest" gebracht, eine geschützte Stelle in der Kampflinie (Bild linke Seite oben), bevor ein Weitertransport zum Hauptverbandsplatz möglich war. Bild linke Seite unten: fieberhafte Arbeit der Chirurgen in einer Schule am Stadtrand von Achtyrka bei Kursk im Juli 1943. Wenige Stunden nach dieser Aufnahme fielen die Ärzte mitten bei der Arbeit dem Bombenvolltreffer eines Luftangriffs zum Opfer.

einem Krankenstand, der die Zahl der Verwundeten um das Sechsfache übertraf. Das tropische Klima, die Einöde und Trostlosigkeit der Wüste wirkten sich, zusammen mit durch Transport- und Nachschubprobleme verursachtem Wassermangel und damit einhergehender ungenügender Verpflegung, auf die gesundheitliche Verfassung des Deutschen Afrikakorps verheerend aus und stellten die Sanitätsdienste vor schier unlösbare Aufgaben. Das gehäufte Auftreten von Ruhr, Diphterie und Gelbsucht sowie die vielfältigen Geschwüre, die in tropischer Hitze an den unbekleideten Unterschenkeln entstanden, führten zu einem hohen Krankenstand. Trotz dieser außergewöhnlichen gesundheitlichen Belastungen für die Truppe erreichte die Anzahl der Sanitätsformationen nie einen befriedigenden Stand.

Auch der am 6. April 1941 hinzugekommene Kriegsschauplatz Balkan brachte unerwartete Schwierigkeiten. Er forderte zwar keine allzu hohen Verluste, sieht man von den 49 Prozent der Fallschirmjäger bei der Eroberung Kretas ab, doch der Abtransport der Verwundeten gestaltete sich schwierig. Das gebirgige Gelände auf dem Balkan und auf Kreta zwang zu äußerst strapaziösen Tragemärschen. Nur dort, wo Lufttransport möglich war, waren die Verwundeten besser wegzubringen. Schnee, Schlamm und Kälte wie Hitze führten zusätzlich zu allgemeinen Erkrankungen. Zahlreiche Sümpfe zwischen den Bergen Makedoniens und die Feuchtgebiete der Flußniederungen waren Brutstätten der Malaria und anderer Fieberkrankheiten, hier besonders des Pappataci-Fiebers, das – wie die Malaria durch Mücken übertragen – zu hohen Krankenzahlen führte, insgesamt aber glimpflich verlief. Neben diesen für den Balkan typischen Krankheiten kannte man auch die Gefahr der Erkrankung an Typhus und Ruhr. Die Prophylaxe gegen Typhus mit entsprechendem Serum erwies sich glücklicherweise als ausreichend, doch die Ruhr, die zwei Drittel der Truppe erreichte, konnte nur durch die danach erlangte Immunität unter Kontrolle gebracht werden.

In den ersten Monaten des Rußlandfeldzuges sahen sich die Sanitätsdienste

ähnlichen Gegebenheiten wie im bisherigen Bewegungskrieg gegenüber. Dann nahmen die deutschen Verluste zu, und der Vormarsch an allen Frontabschnitten kam zum Stehen. Nun wirkten sich die durch große Entfernungen, den herbstlichen Schlamm und den dann folgenden Winter mit Schnee und bis zu -57 °C reichenden Kältegraden erschwerten Transportverhältnisse auch äußerst nachteilig auf die Leistungsfähigkeit der Sanitätsdienste aus. Mit massenhaften Erfrierungen aller Grade und anschließenden Komplikationen waren mancherorts die Verbandplätze mehr belastet als mit der Versorgung der Verwundeten.

2) Der wachsende Widerstand der Roten Armee seit der Jahreswende 1941/42, der mit sich steigernder Feuerkraft insbesondere der Artillerie und der Raketeneinheiten einherging, ließ die Zahl der Verwundeten und hier auffallend der Schwerverletzten in die Höhe schnellen, so daß deren angemessene Versorgung immer weniger möglich war. Auch der Abtransport der Verwundeten in die rückwärtigen Gebiete und ins Reich wurde durch die schon erwähnten Schwierigkeiten, die der Winter aufwarf, aber auch durch die wachsende Partisanentätigkeit zunehmend erschwert, wenngleich die Luftwaffe mit ihren Sanitätsflugzeugen und der Transportflotte Entlastung brachte. Mit Beginn der dann folgenden sowjetischen Offensiven gingen darüber hinaus viele der vordersten Sanitätseinrichtungen im Strudel der Absetzbewegungen verloren. Beginnend im Mittelabschnitt im Raum Kursk gelangen den Sowjets seit Sommer 1943 so tiefe Einbrüche, daß auch die weit zurückliegenden Kriegslazarette geräumt werden mußten.

Auch das System der Verteilung der Verwundeten nach medizinischen Gesichtspunkten versagte nun zunehmend, wodurch die Transportsterblichkeit stieg. Die hygienischen Verhältnisse litten ebenfalls zwangsläufig und führten zum Ausbruch von Epidemien, unter denen das Fleckfieber eine zentrale Stellung einnahm. Die durch die extreme Verlausung der Truppe vornehmlich im Winter grassierende Seuche konnte nie unter Kontrolle gebracht werden. Die Bereitstellung von Entlausungsanlagen führte nicht zum angestrebten Erfolg. Die Impfungen konnten die Erwartungen nur eingeschränkt erfüllen. Die Sterblichkeit nach einer Infektion war mit bis zu 30 Prozent zunächst sehr hoch und konnte nur allmählich bis

Bild oben: erste Hilfe im Kampfgebiet. Der Soldat, den ein Splitter am Rücken verletzt hat, verdankt seinem Koppel, daß er noch lebt und sogar auf seinen Beinen stehen kann. Der Lederriemen hat die Hauptkraft des heißen Eisens abgefangen. Bild rechte Seite: Bergung eines Verwundeten an der Invasionsfront im Juni 1944. Andere, schwerer Verwundete, konnten sich später meist nicht mehr darauf besinnen, wie sie gerettet worden waren. Meist hatten Kameraden sie kriechend neben sich hergeschleift, über die Schulter geworfen und gebückt von Deckung zu Deckung rennend aus dem Schußfeld getragen, bis eine Sanitätskompanie erreicht war und den Verwundeten übernehmen konnte. Die meisten Lebensretter blieben namenlos: sie hatten keine Zeit gehabt, sich vorzustellen, oder waren alsbald gefallen.

Kriegsende auf 5-6 Prozent gesenkt werden. Insgesamt wurden aber vom Fleckfieber nicht mehr Soldaten erfaßt als von anderen Krankheiten; das Fleckfieber war nur gefährlicher. Doch auch massenhaft an Typhus, Gelbsucht, Nierenentzündung, Wolhynischem Fieber, Tularämie (Hasenpest) und Diphterie Erkrankte stellten an die Sanitätsdienste hohe Anforderungen bzw. waren eine große Belastung. Bei den Bemühungen um Abhilfe zogen die Mediziner KZ-Häftlinge heran und erprobten an ihnen Sulfonamide bei der Bekämpfung von Infektionskrankheiten, führten Knochentransplantationen bei auftretenden Phlegmonen durch und schreckten auch nicht vor Unterdruck- und Unterkühlungsversuchen zurück, die der Erforschung des Sauerstoffmangelproblems in großen Höhen und der Wiederbelebung unterkühlter Schiffbrüchiger dienten. Bei diesen meist qualvollen, verbrecherischen Menschenversuchen wurde selbst der Tod der Opfer nicht selten billigend in Kauf genommen.

Bei der Luftwaffe und Marine hatte man es überwiegend mit andersgearteten Verwundungen und Erkrankungen zu tun. Die Behandlung der Verwundungen beim fliegenden Personal, die durch Abschuß, Unfälle, Bruch- und Notlandungen verursacht wurden, lag vielfach im Bereich der plastischen und der Gehirnchirurgie. Bei der Marine ergaben sich hauptsächlich Verwundungen als Folge von Artillerie-, Fliegerbomben- und MG-Treffern, ferner von Torpedo- und Minendetonationen, nicht zu vergessen die Folgen von Verbrennungen aller Art. Während durch Waffenwirkung Splitterwunden, Durch- und Steckschüsse entstanden, führten Minen und Torpedos bei der Detonation zu Stauchungen der Wirbelsäule und Frakturen der Extremitäten. Beim Abbrennen von Kartuschen waren Rauchvergiftungen und Verbrennungen, bei ausströmendem Dampf in den Maschinenräumen Verbrühungen die unvermeidlichen Folgen. Das Verschlucken treibenden Öls durch Schiffbrüchige rief schwere Vergiftungen im Magen- und Darmtrakt hervor.

3) Die Zeit der Abwehrkämpfe 1944/45 vergrößerte die Probleme der Sanitätsdienste. Die Zahl der Toten und Verwundeten war während dieser Phase größer als in den vorangegangenen Kriegsjahren zusammen. Die vorgeplante und die provisorisch erstellte Infrastruktur des Sanitätswesens im Reich und in den besetzten Gebieten brach allmählich zusammen. Hauptgründe waren die Auswirkungen des Bombenkrieges und die Tatsache, daß der Ring um Deutschland immer enger wurde. Die damit verbundenen Versorgungs- und Transportprobleme wirkten sich auf die Überlebenschancen der Verwundeten besonders nachteilig aus. Die Chirurgen waren in dieser Zeit hoffnungslos überfordert. Oft mußte ohne größere Pause zwei bis drei Tage lang operiert werden. Erfahrungswerte zeigten, daß eine Chirurgengruppe (zwei Ärzte) in 24 Stunden 30 Schwer-, 60 Mittelschwer- oder 120 Leichtverwundete operieren konnte. Bei allen Behandlungen wurde größter Wert auf die Verwendung von Blutersatzflüssigkeiten gelegt (Tutofusin, Periston). Antibiotika standen nicht zur Verfügung; auf diesem Gebiet war die Forschung in Deutschland einen anderen Weg gegangen (Sulfonamidtherapie). In vieler Hinsicht entsprach die Ausrüstung der Sanitätsdienste nicht den damaligen Möglichkeiten. Insgesamt gesehen konnte der deutsche Sanitätsdienst – bedingt durch die vielen Kriegsschauplätze – nicht besser als im Ersten Weltkrieg arbeiten.

INHALT

Bildquellen: „Der Adler“, Verlag August Scherl Nachf., München; Erich Andres, Hamburg; „Berliner Illustrierte“, Ullstein Verlag/Deutscher Verlag, Berlin; Peter Blachian, München; „Deutschland im Kampf“, Verlagsanstalt Otto Stolberg, Berlin; „Die Deutsche Wehrmacht“, Cigaretten-Bilderdienst, Dresden; „Die Kriegsmarine“, Heinrich Beenken Verlag, Berlin; „Die Wehrmacht“, Verlag Die Wehrmacht, Berlin; Gente, Guerra Civile, Mailand; „Geschichte des großen vaterländischen Krieges der Sowjetunion“, Deutscher Militärverlag, Berlin; Walter Hackl, Wien; „Hitler baut Großdeutschland“, Zeitgeschichte Verlag, Berlin; „Hitler im Westen“, Zeitgeschichte Verlag, Berlin; „Illustrierte Zeitung“, Verlag von J.J.Weber, Leipzig ; Imperial War Museum, London; „Männer und Waffen des deutschen Heeres“, G. Grote Verlag, Berlin; „Mit Hitler in Polen“, Zeitgeschichte Verlag, Berlin; Lothar Rübelt, Wien; Hans Schaller, Berlin; „Signal“, Deutscher Verlag, Berlin; Rolf Steinberg, Berlin; „Unser Weg zum Meer“, Verlag Die Wehrmacht, Berlin; U.S. Army Historical Collection, Washington; U.S. Navy War Photographs, „U.S. Camera“, New York; „Wir haben es nicht vergessen“, Polonia Verlag, Warschau; Archiv Zentner, München; des weiteren andere zeitgenössische in- und ausländische Publikationen und Bildarchive der am Krieg beteiligten Nationen.

2. Auflage
Originalausgabe

Umschlaggestaltung: Werbeagentur Zeuner, Ettlingen
Umschlagfoto: Archiv VPM
Text und Redaktion: Jochen Brennecke, Dieter Dürk, Mathias Färber, Fritz Langour, Karl Ludwig Opitz, Horst Gunther Tolmein, Gunter Stein
Druck und Bindung: Printer Portuguesa
Printed in Portugal 1996
ISBN 3-8118-4217-X